남극에
해수욕
가실래요

트렁크 끌고
다녀온 남극 깃발
여행기

일러두기

1. 제Ⅰ부 '나를 낮추는 여행'은 트렁크를 끌고 인천 국제공항을 떠나 남극을 다녀온 이야기다.
   여행 코스에 맞는 남극에 관한 상식과 역사를 '남극 공부'라는 팁으로 넣었다.
2. 제Ⅱ부 '파타고니아 빙하여행'을 넣었다. 남극에서는 빙하를 보기만 한다.
   남극을 오가는 길목에 자리 잡은 파타고니아에서 빙하 위를 걷고, 빙하 녹인 물을 마시며 체험한 이야기다.
3. 제Ⅲ부 '남극도 우리 땅'에서는 우리나라가 남극을 개척해 나간 역사를 정리했다.
4. 사진은 필자가 직접 찍었고, 모셔온 사진은 출처를 밝혔다.

남극에
해수욕
가실래요

트렁크 끌고
다녀온 남극 깃발
여행기

글과 사진 김상진

남극 온천을 아십니까

활화산

해저 온천

모래찜질 해안

해수욕장

여객기가 뜨고 내리는 비행장

1,200명이 살 수 있는 도시

출산

학생들이 뛰노는 학교

결혼식(혼인 성사) 올리는 성당

관광객이 붐비는 기념품 가게

마라톤 대회….

남극에 있거나 일어난 일들이다.

남극에 두꺼운 얼음과 빙산만 있는 줄 아는 사람이 많다. 그래서 위에 나열한 게 남극이라면 놀란다. 우리는 남극을 과학자나 탐험대원, 언론인 같은 특별한 사람들만 갈 수 있다고 생각 한다. 가려고 해도 까다로운 절차와 오랜 기간이 필요하다고 믿는다.

다 틀렸다. 남극 여행은 아무나 갈 수 있다. 이웃 나라 가듯이 여행사를 통해 예약하면 된다. 인천공항에서 트렁크 끌고 10여 일이면 다녀올 수 있다. 인솔자가 전체 일정을 안내하는 패키지 상품도 있다. 주인 없는 땅이라서 비자도 필요 없다. 아르헨티나 우수아이아 항, 칠레 푼타아레나스 공항까지 간 뒤 그곳에서 표를 구해도 갈 수 있다.

남극 관광은 12월~이듬해 2월까지 이뤄진다. '남극 여름'인 이 시기의 남극 온도는 섭씨 0도를 중심으로 오르내린다. 한국의 서울 날씨와 비슷하다. 이 시즌에는 유람선과 민항기가 매일 관광객을 실어 나른다. 그 3개월 동안 전 세계에서 4만~5만여 명이 남극을 여행한다.

우리는? 북반구에 가까이 산다는 이유만으로 지구 반대편 남극을 멀게만 생각했다.

항상 영하 수십 도의 추운 날씨가 이어지는 줄 안다. 그래서 가기 힘들고 위험한 곳으로만 생각한다. 아문센과 스콧의 전기만 읽은 청소년들은 아직도 개 썰매로 남극을 탐험하는 줄 안다. 영화나 다큐멘터리로만 남극을 만난 사람들의 생각도 비슷하다.

우리가 남극을 오해하고 있는 동안 깨어 있는 세계의 관광객들은 크루즈선과 비행기에 몸을 싣는다. 눈 덮인 남극대륙에서 마라톤을 하고 해수욕을 즐긴다. 최고봉 빈슨 매시프봉을 등반하는 산악인들이 줄을 잇는다.

이제 우리도 남극을 가까이 하자.

그곳에는 신비한 자연현상들이 널려 있다.

1년에 0.0038㎜밖에 자라지 못하는 지의류(地衣類), 영하 수십 도의 추위 속에서 일부일처제를 지키며 새끼를 길러내는 펭귄 가족들, 혈액 속에 헤모글로빈이 없어 투명한 피를 가진 아이스 피시, 남극과 북극을 오간다는 제비갈매기는 생명에 대한 경외감을 느끼게 한다.

남극에 가면 위대한 탐험가들의 이야기를 만난다. 남극 탐험이 시작된 이후 100여 년간 인간이 남긴 발자취는 감동적이다.

노 젓는 작은 배로 지구상에서 가장 험악한 드레이크 해협 1,300㎞를 건너 조난한 대원을 모두 구조한 섀클턴, 채집한 화석을 끌어안고 죽어가는 순간까지 일기를 쓴 스콧의 이야기는 인간의 위대함을 가르친다. 일본 탐험대가 태풍으로 급히 철수하면서 남극에 남겨 뒀지만 1년 뒤까지 살아남은 썰매 개 두 마리 '타로', '지로'. 영화로 만들어진 이 이야기는 동물과 인간이 나눈 따뜻한 교감을 전한다.

나아가 남극 과학자들의 연구 결과를 통해 남극이 인류의 미래자산이라는 사실도 깨닫는다.

남극좀새풀 유전자를 넣어 개발한 추위에 강한 벼, 강력한 자외선 아래서 살아가는 남극 생물에서 추출한 물질로 만든 피부 노화 방지약이 이미 등장했다. 경골어류에 들어 있는 결빙방지 물질을 뽑아내 동결보존제로 개발하는 데도 성공했다.

남극에는 상식을 초월하는 과학과 상상을 뛰어넘는 이야기들이 넘친다. 남극 여행은 매일 새로운 설렘이다. 대자연은 겸손을 가르친다.

우리가 남극을 알아야 하는 이유는 또 있다.

다가올 남극 개발시대에 대비하기 위해서다. 1959년 맺은 남극조약은 남극 개발을 2048년까지 금지하고 있다. 여러 나라는 과학기지를 운영하며 2048년 이후를 노리고 있다. 불과 28년 뒤면 영유권을 주장하는 국가들을 중심으로 남극은 전쟁터로 바뀔지도 모른다.

그때가 되면 남극을 제대로 아는 국민이 많은 나라일수록 남극 개발에 적극적일 수밖에 없다. 그때를 미리 준비해야 한다.

여기서 아픈 역사가 떠오른다.

한일합병조약이 체결된 지 3개월 뒤인 1910년 11월 29일. 일본 도쿄만에서는 남극 탐험선 카이난마루(開南丸) 호가 출항한다. 남극점을 정복한 노르웨이 아문센, 영국 스콧과 비슷한 시기에 일본이 남극 탐험에 나선 것이다. 대한제국은 일본의 식민지가 됐지만, 일본 국민은 유럽 해양강국과 어깨를 같이 했다는 자긍심으로 들떴던 해다.

100여 년이 지난 지금도 마찬가지다.

나라 밖 변화를 모르면 또 당한다. 우리가 남극을 멀리하고 있는 동안 다른 나라들은 남극을 자기네 땅처럼 드나들고 있다.

첫 쇄빙선 아라온호 건조과정을 보면 더 많은 남극 사랑이 필요함을 알 수 있다.

아라온호는 고 전재규 대원이 숨지는 사고가 일어난 뒤 국민적 성원을 업고 2009년 건조됐다. 쇄빙선 한 척 없이 극지 연구를 하는 딱한 사정이 알려진 덕분이다. 그동안 쇄빙선의 필요성이 오랫동안 제기됐으나 예산을 확보 못 해 미뤄져 왔었다.

우리나라는 남극에 두 곳의 과학기지를 갖고 있다. 현재 남극에는 30여 개국이 70여 개 기지를 운영하고 있다.

남극에서 가장 큰 미국의 맥머도 기지는 최대 1,200여 명이 거주할 수 있는 남극 최대 도시다. 활주로가 3개나 있다. 미국은 남극대륙 전체의 항공권을 커버하고 있는 유일한 나라다. 미국이 일찍이 남극 전체의 항공촬영을 마치고 자료를 축적한 결과다.

중국 시진핑 국가 주석은 2014년 11월 호주를 방문해 남극연구 협력에 관한 양해각서를 체결했다. 이후 두 나라는 남극 공동연구를 진행하고 있다. 우리나라 대통령이 남극 개발에 앞선 미국·호주·뉴질랜드·칠레 등을 방문할 때 이런 소식이 들려오면 얼마나 좋을까.

우리나라는 앞으로 1만2,000t급 제2 쇄빙선 건조, 암반 활주로 확보, 제3기지 건설 등 남극 연구 활동 지원책들을 추진하고 있다.

이 사업들은 남극개발시대를 대비하는 시작일 뿐이다. 더 많은 사업이 기다리고 있다. 새 사업들을 활발히 추진하려면 국민적인 지지가 필요하다.

남극에서 한 나라의 위상은 과학 수준과 외교력, 해양력 등 국력의 총체다. 남극을 일부 전문가들의 일로만 맡겨둬서는 안 되는 이유다.

내가 남극에 관심을 가진 것은 2014년 1월 1일 부산 광안리해수욕장에서다.

새해 일출을 본 뒤 아침 식사를 하는 자리에서 이동화 남경엔지니어링 토건 대표를 만났다. 그는 1985년 한국 남극 관측탐험대원으로 처음 남극을 다녀온 뒤 세종기지와 장보고 기지 건설에 참여한 남극 탐험 1세대다. 그는 회사 이름을 '남극의 수도'라는 의미로 남경(南京)이라 짓고, 남극에 관한 일이라면 발 벗고 나선다. 그의 남극 사랑에 반한 나는 남극 관련 기사를 중앙일보에 몇 차례 썼다. 남극을 가보고 싶어 2016년 보통 여행자로 인천공항을 떠나 남극을 다녀왔다.

그러니 '남극 대학' 신입생이다.

초보자 관점에서 남극을 배워갔다. 남극에 관한 전문가들의 책은 많지만 여행자의 입장에서 접근한 책이 없었다는 게 이 책을 쓴 동기다.

남극은 재미있었고 신비로웠다. 말 없는 얼음대륙은 깊은 울림을 줬다. 그 경험을 나누고자 한다.

2020년 8월

차례

남극 칠레 프레이 기지에 세워져 있는 이정표는 서울까지 1만 7,227㎞를 가리킨다. 그 먼 곳을 다녀와야 하는 이유가 있다.

01
PART

나를 낮추는 남극여행

남극으로 가는 들머리 항구는 아르헨티나 우수아이아 항이다.
남극 여행 시즌인 12월~이듬해 2월까지 거의 매일 남극행 크루즈선이 떠난다.
남극 여행은 이미 대중화되어 있다.
남극행 크루즈선 안에서 만난 외국 여행자들 가운데 초등학생과 70대 노부부도 많이 보였다.
세계에서 해마다 4만~5만여 명이 남극을 찾지만, 한국은 겨우 수십 명 수준이다.
이제 남극은 특별한 사람들만 가는 여행지가 아니다.
극악한 자연환경에서 생명을 잉태하고 이어가는 동식물을 보면 대자연의 장엄함을 느낄 수 있다.
그리고 미미한 인간 존재를 깨닫는다. 어떤 종교의 가르침보다 깊은 울림이 있는 여행지다.

'세상의 끝'에서 떠나는 남극

도시의 하늘은 우중충한 회색빛이다. 도시는 가파른 설산(雪山) 아래 바닷가에 해안을 따라 길게 자리잡았다. 드센 바람과 거름기 없는 땅에 바짝 붙어서 겨우 자라는 이름 모를 식물들. 바다 쪽에서 불어오는 남극 냉기를 머금은 찬바람이 쉬익~ 하고 뺨을 때렸다. 비를 머금은 드센 바람은 온몸을 얼얼하게 했다. 낮인데도 잔뜩 찌푸린 회색 날씨다 보니 차들은 전조등을 켜고 있었다.

남극행 크루즈선을 타기 위해 남미 대륙 최남단 항구가 있는 아르헨티나 우수아이아(Ushuaia)공항에 내린 첫인상은 이랬다.

우수아이아 하늘. 남극이 가까운 곳이라 우중충한 회색빛이다. 바람은 차고 날씨는 늘 찌푸렸다.

우수아이아에서 서울까지는 1만 7,000여 ㎞. 우수아이아에서 남극까지 거리의 약 5배쯤 된다. 여기까지 오는데 비행시간만 30여 시간. 환승 시간까지 포함하니 2박 3일(기내 1박, 부에노스아이레스 1박)이 걸렸다. 비행기 안에서 밤낮을 구분하지 않고 기내식 10여 개를 먹은 뒤에야 도착했다. 다리는 부어 등산화가 조여오고 몸은 굳었다. 지구에서 사람 사는 가장 남쪽 도시까지 오는 길은 쉽지 않았다.

도시는 우울증 걸리기 딱 좋은 느낌이었다. 곧 비라도 내릴 것 같은 우중충한 하늘이다. 부두에는 남극행 크루즈선과 우수아이아 주변을 돌아보는 관광선들이 떠 있었다.

우수아이아는 아르헨티나 티에라델푸에고(Tierra del Fuego) 제도에서 가장 큰 섬에 자리 잡고 있다.

세계에서 남극으로 출발하는 항공편과 뱃길이 뉴질랜드·호주·칠레 등에서 10여 개 코스가 있으나 우수아이아가 최단 거리다. 우수아이아에서 남극까지 거리는 3,296㎞. 그래서 남극을 뱃길로 가려는 사람들이 몰린다. 가장 싸고 편리하게 남극을 볼 수 있는 남극행 크루즈 여행의 출발점이다.

국제남극관광협회(IATTO)에 가입된 7개 선사가 남극행 크루즈선을 운항한다.

IATTO에 따르면 남극 여행객이 가장 많은 나라는 미국으로 2016년 1만 4,566명, 2위는 중국 5,286명이다. 중국은 2015년 4,096명에서 5,286명(29%)으로 늘면서 세계에서 남극 여행객 증가가 가장 큰 나라다.[1]

그러나 한국은 연간 수십 명 수준이다. 아직도 남극 여행에 대해 모르는 사람이 많다. 해마다 전 세계에서 4만~5만여 명이 남극을 여행하는 것을 고려한다면 미국과 중국이 전체 남극 관광객의 거의 절반을 차지한다.

'세상 끝' 도시인 우수아이아는 끝이 아니었다. '미지의 세상' 남극으로 가는 입구였다. 둥근 지구에서 끝을 찾는다는 게 아무

우수아이아 공항 주차장. '세상의 끝'이라 차가 적을 줄 알았으나 공항 문을 나서자 자동차로 가득한 주차장이 나타났다.

1) 중국 인민화보사 한국어 월간지『중국』2017년 제8호.

우수아이아 도시 전경. 설산 기슭을 따라 도시가 형성돼 있었다.

런 의미가 없다는 것을 우수아이아는 가르쳐 준다. 우리의 세상살이도 그러하지 않은가. 기쁜 일과 나쁜 일이 끝난 것 같지만 또 다시 밀려오는 것을.

지구 '땅끝마을'로 알려지면서 남극을 가지 않더라도 우수아이아 주변만 둘러보려는 관광객도 많다. 남극과 가장 가까운 곳이라 남극을 맛보기에는 가장 좋은 곳이다.

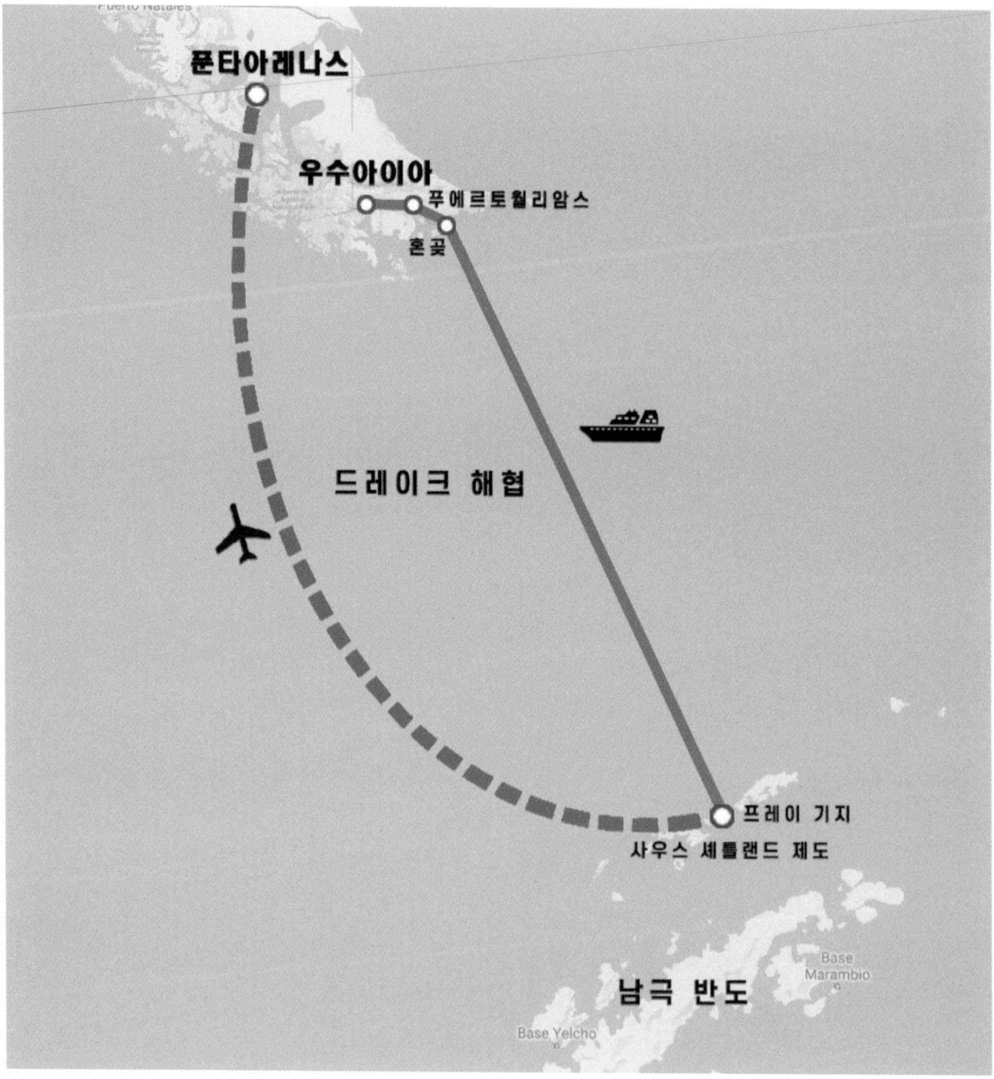

남극 깃발여행 코스.

우수아이아의 아르헨티나 해군 기지.

아르헨티나 해군 기지 창고.

우수아이아 항구 옛 모습. 많은 물자와 사람들이 드나들던 남미 최대의 항구였다. (출처: 우수아이아 관광 자료)

남극 가는 관광객이 몰리면서 도시도 커졌다. 10여 년 전에는 인구가 2만여 명이었으나 지금은 4만여 명으로 두 배쯤 불어났다.

하지만 우수아이아 첫인상은 '사람 살 만한 곳 못 되는구나'였다. 나의 그런 선입견은 아르헨티나 역사에서도 확인된다.

아르헨티나 정부는 애초 우수아이아를 해군 기지로 운영했다. 대서양과 태평양이 만나는 남아메리카 남쪽 바다에서 해상 주도권을 잡으려는 조치였다.

그러나 험난한 아르헨티나 역사는 우수아이아를 교도소 도시로 바뀌게 한다. 수도 부에노스아이레스에서 3,000㎞쯤 떨어진 우수아이아는 감옥 터로서는 최적지였다. 정치범과 강력범을 수용하기 좋은 곳이었다.

아르헨티나 근대사는 보수 진보 간의 정권 교체가 잦았다. 다른 라틴 아메리카 나라들과 같이 빈부격차가 심해 소요도 잦았다. 이 과정에서 쏟아져 나오는 정치범들은 우수아이

아로 보내졌다. 강력범들도 마찬가지였다.

1974~75년 우수아이아를 여행한 영국 출신 작가 브루스 채트윈(Bruce Chatwin, 1940~1989)은 논픽션 여행기 『파타고니아』[2] 에서 이렇게 적었다.

> 우수아이아의 역사는 1869년 영국국교회 목사인 W.H. 스틸링이 야간(Yahgan)족[3] 오두막들 곁에 조립식 선교회 건물을 지으면서 시작되었다. 영국국교회가 다스리던 16년 동안 그곳의 채소밭에서는 채소가 잘 자랐고 인디오들도 잘 지냈다. 그러다 아르헨티나 해군이 진주해 오면서 인디오들은 홍역과 폐렴으로 몰살했다.
>
> 그 개척지 마을은 해군 마을에서 교도소 마을로 변했다. 교도소 감찰관들은 돌과 콘크리트로 시베리아의 교도소들보다 더 견고한 걸작을 설계했다. 곧이어 마을 동쪽에 더없이 좁은 창들만 나 있는 휑한 회색 벽들이 올라갔다. (중략)
>
> 어린 아이라고는 전혀 없는 것처럼 보이는 그 도시의 주민들은 음울한 표정으로 낯선 방문객을 못마땅하다는 듯 노려봤다.

지금부터 40여 년 전의 묘사지만 침울한 도시 모습은 그대로다. 남극과 가까운 자연환경이라 어쩔 수 없어 보인다.

채트윈은 그의 책 『파타고니아』에서 우수아이아 교도소의 참혹함을 소개하고 있다.

채트윈은 항상 원고를 '기름 먹인 검은 천 제본 노트'[4]에 썼다. 우수아이아 풍광은 검은 천으로 제본한 노트와 어울리는 흑백 세상이다.

채트윈은 우수아이아 감옥에 갇힌 유명한 정치범으로 시몬 라도비츠키를 꼽았다.[5]

라도비츠키는 우수아이아 감옥의 참혹함과 당시 아르헨티나의 분위기를 알 수 있는 상징적인 인물이다.

그는 18세 소년으로 우크라이나 수도 키예프 출신이다. 러시아 유대인 가문으로 감수성

---

2) 브루스 채트윈, 김훈 옮김, 『파타고니아(In Patagonia)』, 현암사 2013, 253~254쪽.

3) 우수아이아 주변 섬에 살던 남아메리카 인디언. 거의 옷을 입지 않고 생활했다. 추위를 이기기 위해 늘 불을 피웠다. 이 모습을 본 탐험가 마젤란이 '연기의 땅'이라고 부른 데서 티에라델푸에고 지명이 유래됐다고 한다. 19세기에 2,500~3,000명이었으나 지금은 멸종됐다.

4) 이 노트는 1986년 사라졌으나 세계적 수첩회사 이탈리아 몰스킨이 최근 부활시켰다. 옛 향수를 찾는 수요가 늘어나 4만~5만 원 선에 팔린다.

5) 위의 책, 254~262쪽 요약.

예민한 시절인 1905년 러시아 혁명을 겪으면서 반정부 주의자가 됐다. 1909년 부에노스아이레스로 온 그는 러시아 유대계 무정부주의자들과 어울리며 각종 시위에 참여한다.

그해 겨울 그는 경찰관이 탄 차에 폭탄을 던졌다가 총을 맞고 체포됐다. 경찰관은 숨졌다. 라도비츠키는 사형을 구형받았으나 18.7세로 형사미성년자여서 무기징역을 선고받고 우수아이아 감옥으로 온다.

족쇄를 차고 해군 수송선 석탄 창고에 갇혀서 부에노스아이레스에서 우수아이아로 끌려온다. 족쇄로 묶인 발목은 썩어들어갔다. 석탄 가루를 뒤집어쓴 시커메진 모습이었다. 돼지 먹이 같은 식사와 감자를 먹었다.

그는 교도관들에게 성폭행을 당하고 온몸은 칼질과 채찍질을 당한다. 이 소식을 들은 부에노스아이레스에 있던 그의 동지들은 우수아이아 감옥의 참혹함을 알리는 전단을 살포하고 탈옥계획을 세운다.

1918년 11월 교도관을 매수해 라도비츠키를 빼낸 뒤 배에 태워 달아난다. 추적조가 따라오자 친구들은 라도비츠키를 외딴 섬에 내려놓고 달아난다. 그러나 섬을 포위한 군인들에 의해 잡혀서 다시 우수아이아 감옥에 갇힌다. 1930년 아르헨티나 정부는 노동자 계급에 대한 화해 몸짓으로 라도비츠키를 석방한다.

라도비츠키의 사례에서 보듯이 100년 전 우수아이아는 음울한 '감옥 도시'였다.

그러나 지금은 그 감옥이 관광객을 불러 모은다. 역사는 반전을 거듭하는 법.

라도비츠키가 갇혔던 우수아이아 감옥은 박물관으로 바뀌었다. 그 감옥은 1902년 완공돼 1947년까지 운영하다가 48년부터 '감옥 박물관'으로 개조됐다.

이곳의 감방 380개를 죄수들이 직접 지었다. 지금은 돌 벽체와 쇠창살을 그대로 둔 채 당시 죄수와 교도관 모습을 인형으로 재현해 놓았다.

복도에는 당시 모습을 알 수 있는 사진과 벽화도 걸어 놓았다. 실내 일부를 미술관으로 꾸며 놓았다. 많을 때는 죄수 1,000여 명과 교도관 200여 명이 있었다. 악명 높았던 옛 모습을 찾을 수 없다. 특별한 박물관으로 관광객을 모으고 있었다. 노랑과 푸른색의 줄무늬가 있는 죄수복을 모방한 옷들도 팔리고 있다.

지금의 우수아이아 도로와 항구는 모두 죄수들이 만들었다. 현재 티에라델푸에고 국립공원을 달리는 관광열차도 감옥 난방을 위한 장작 운반용을 개조한 것이다. 우수아이아는 죄수들의 피땀으로 이뤄진 도시였다.

우수아이아 중심가 산마틴 거리 밤 11시 모습. 거리는 붐비고 그때까지 해가 지지 않았다.

산마틴 거리 킹크랩 식당. 앉을 자리가 없어 나왔다.

우울한 이 도시의 역사는 생각보다 오래됐다. 찾아보니 우수아이아에서 인류의 흔적은 6,000년 전으로 거슬러 올라간다. 이 험악한 땅에 인류가 일찍 터를 잡았음을 알 수 있다. 인간은 어떠한 환경에도 적응을 잘하는 독종임을 깨닫게 한다. 남극에서 불어오는 냉기에 야생식물들도 겨우 자라는 이곳에서 우수아이아 인디언들이 일찍부터 살고 있었다.

아르헨티나 고고학자들이 우수아이아 근처에서 5,400년 전 사람의 치아를 발견했다. 고고학자들은 6,200년 전 카누를 타고 태평양을 건너와 정착한 야간족으로 추정했다. 야간족은 19세기 초 미국과 네덜란드 바다표범 사냥꾼들이 대형 선박을 타고 상륙하면서 사라져 갔다. 사냥꾼들이 야간족들의 식량인 바다표범을 모두 잡아간 데다 사냥꾼들이 옮긴 세균에 감염돼 멸종됐다.[6]

이제는 우수아이아에서는 과거의 어두운 모습을 거의 찾을 수 없다. 파나마 운하가 개통되기 전에는 우수아이아도 붐비는 항구였다. 태평양과 대서양을 오가는 배들이 꼭 거쳐야 하는 항구였다. 파나마 운하가 뚫리면서 우수아이아는 한적해졌다. 그러나 남극을 오가는 여행객들과 남극 과학기지로 가는 물자들이 늘면서 다시 붐비고 있다.

1월에는 밤 11시까지 해가 떠 있다. 중심가인 산 마틴(San Martin) 거리. 새벽까지 영업하고 점심 무렵 문을 열었다. 50여 곳 레스토랑에는 앉을 자리가 없었다. 우수아이아를 보려는 관광객들이 대부분이고, 남극 여행 철에는 남극을 가려는 여행자들이 붐빈다.

죄수들이 건설한 이 도시가 세계 여행자들을 모을 줄 누가 알았을까? 자정 무렵에도 해가 있는 이 도시의 중심가를 어슬렁거리는 기분은 새로웠다.

우수아아이아 별미는 킹크랩이다. 킹크랩만 파는 레스토랑이 여러 곳 있었다. 남극과 가까운 바다에 사는 킹크랩은 졸깃한 육질에다 짭조름한 맛을 갖고 있었다. 온몸에 송곳 같은 가시가 나 있는 굵은 다리는 세상을 호령할 듯한 자세다. 함부로 뜯어먹다간 물릴 것 같다.

엄청나게 크다고 '슈퍼 울트라 킹크랩'이라 부른다. 킹크랩 한 마리 가격은 260페소(냉동,

---

6) 동아일보 1997년 10월 20일자.

세상을 호령할 듯한 킹크랩 위세.

약 1만 6,000원)~550페소(생물, 약 3만 4,000원)쯤 했다.

우수아이아의 숙소는 다양하다. 5성급 호텔부터 게스트하우스까지 있다. 남극 관광 붐을 타고 전 세계에서 몰려오는 관광객들을 겨냥한 숙소들이다.

항구 입구에는 알바트로스 호텔이 있다. 70년 역사를 자랑하는 3성급 호텔이다. 알파벳 'A'자와 남극에서 북극까지 날아간다는 '신비의 새' 알바트로스(albatross) 조형물이 외벽에 붙어 있다.

이곳에 오기 전까지는 알바트로스는 골프 용어로만 익숙해 있었다. 규정 타수보다 3타가 적은 뛰어난 골프 전적으로. 그러나 남극으로 가는 길목 곳곳에는 알바트로스 이름을 붙인 상가들이 보였다. 변화무쌍한 자연에 시달리는 극지 주변 사람들은 신비한 새 알바트로스에게 기대려는 마음을 그렇게 표현하고 있었다.

알바트로스 호텔. 외벽에 알바트로스를 상징하는 알파벳 'A'자가 크게 붙어 있다.

30년 된 포스다 게스트하우스. 방명록과 오래된 목가구에서 역사가 묻어난다.

포스다 게스트하우스 모습. 평범한 주택처럼 보인다.

내가 묵은 포스다(POSDA) 게스트하우스는 30년 된 민박집이었다. 주인 아줌마의 구수한 입담이 재미있었다. 조상이 스페인계인 그 아줌마는 전 세계에서 오는 손님을 상대로 끝없이 수다를 떨었다.

"오후 10시가 되면 정문을 잠그고 뒷문을 열어놓는다. 그 뒷문은 우리 손님만 알고 도둑은 모른다."

"이렇게 말해도 밤늦게 정문 두드리며 깨우는 손님이 있다."

이런 식이다.

때 묻은 원목 가구들에서 그 역사를 알 수 있었다. 아침은 빵에다 아르헨티나 특산물인 '우유 잼'을 발라 먹었다. 하룻밤에 2,200페소(트윈, 약 14만 원)~2,500페소(트리플, 약 16만 원)였다. 민박집 숙박료로는 비싸다는 느낌이었다. 관광객이 몰리면서 숙박비가 오르고 있다.

우수아이아에는 한국인이 운영하는 게스트하우스도 있다.

택시를 타고 "코레아노스(Coreanos, 한국인)"라고만 하면 기사들이 데려다준다. 한국 여행자들은 한국의 반대편에 한국인이 뿌리내리고 있다는 사실에 놀란다. 그리고는 고향 집을 찾은 듯 편안한 마음으로 묵는다. 이곳에 정착한 다빈이네 가족사를 듣고는 감동을 받는다.

다빈 씨는 1971년 아르헨티나로 이민 온 뒤 1975년 우수아이아에 정착해 채소 농사를 개척한 고 문명근(93년 작고) 선생의 손자다. 문 선생은 한국에서 고등학교 교장을 지냈다고 한다. 황해도가 고향인 문 선생은 고향을 지척에 두고 애를 태우는 것보다 멀리 떠나고 싶었는지도 모른다. 그는 아르헨티나 부에노스아이레스를 거쳐 우수아이아에 정착했다. 이곳의 채소가격은 소고기보다 3배 비쌌다. 땅이 척박하고 기후가 나빠 채소를 재배할 수 없었다. 모든 채소는 수도인 부에노스아이레스에서 공수해 왔다. 그는 우수아이아 주정부로부터 빌린 땅에 비닐하우스를 세워 채소 재배에 성공한다. 한국의 시설채소 농법은 세계적이 아니던가. 그 기술을 문 선생이 '지구 땅끝마을'에 도입했다. 많은 시행착오를 거쳐 채소와 꽃 재배에 성공한다. '리베라 꼬레아노'라는 협동조합을 세워 우수아이아 곳곳에 채소를 공급했다. 눈 덮인 산 아래 울긋불긋한 꽃밭을 일궈내자 현지 주민들은 기적으로 여겼다. 다빈 씨는 부에노스아이레스 의과대학을 다니다가 가업을 잇기 위해 농대로 전공을 바꾸었다. 인터넷에

꽃이 가득 핀 우수아이아 다빈이네 농장. 남극과 가까운 험악한 기후 아래서 한국인 3대가 이뤄낸 기적이다. (출처: 우수아이아 다빈이네 카페)

서 '우수아이아 다빈이네'(http://cafe.daum.net/viverocoreano) 카페를 통해 예약할 수 있다.

다빈이네처럼 아르헨티나로 이민 간 동포는 3만여 명. 모두 역경에 강한 한국인 DNA를 갖고 열심히 살고 있다.

2016년 2월 아르헨티나 문화부 차관보에 임명된 한인 2세 안토니오 겨레 변(Antonio Kyore Beun, 29)도 있을 정도로 주류사회에 진입 했다. 그의 한국 이름은 변겨레다. 1986년 이민 부모 사이에서 태어났다. 그의 부모는 한국인의 정체성을 잊지 말라며 이름을 겨레로 지었다고 한다.

한국의 아르헨티나 이민사는 1965년 10월 14일 13세대 78명이 부에노스아이레스 항에 도착하면서 시작됐다. 62년 수교 이후 첫 농업 이민이었다. 이들은 리오네그로주 라마르케 농장에 정착해 밀 농사를 지었다. 그 후 85년에는 두 나라가 투자 이민 협정을 체결하면서 이민자가 늘었다. 시작은 농업 이민이었지만 한인 동포들은 대부분 수도 부에노스아이레스에 살면서 의류와 서비스업에 종사하고 있다. 처음에는 삯바느질로 시작했지만, 현지 의류업의 절반 정도를 한국인이 차지할 정도로 기반이 탄탄하다.

한국서 예약하지 않고 우수아이아까지 온 뒤 남극행 크루즈선에 바로 승선해도 된다. 우수아이아에는 크루즈 선박회사가 많아 남극 여행 시즌에는 거의 매일 남극으로 떠난다.

남극 여행 시즌이 시작되는 12월 초에는 3,000달러에도 탈 수 있다. 크루즈 선사가 푼타 아레나스에서 남극 킹 조지 섬까지 비행기로 가는 여행자들을 태우기 위해 배를 남극에 갖다 놓아야 하므로 싸다. 빈 배로 가는 김에 승객을 태우는 것이다.

우수아이아의 가장 큰 매력은 남극을 대체할 관광지라는 점이다. 펭귄, 빙하, 스키, 개썰매 등 남극에서 체험할 수 있는 것이 다 있다. 산과 바다, 원시림과 빙하를 동시에 감상할 수 있는 아르헨티나 유일의 도시다. 우수아이아 해안을 끼고 있는 국립공원 '티에라 델 푸에고'는 원시 자연을 그대로 보여준다. 국립공원을 돌아보는 1~4일짜리 트레킹 프로그램이 있다.

남극에서는 빙하를 멀리서 구경만 한다. 그러나 이곳에 있는 마트레알 빙하는 직접 걸어 오르는 트레킹도 해 볼 수 있다. 관광객을 위해 시베리안 허스키가 끄는 개 썰매를 탈 수

우수아이아 근처 섬과 해안으로 가는 관광선을 기다리는 관광객들. 우수아이아는 남극의 분위기를 맛볼 수 있는 관광지가 많다.

남극으로 가는 크루즈선이 정박해 있는 우수아이아 항

RUMBO SUR

홍콩영화 '해피투게더'에서 "세상의 모든 슬픔을 내려놓고 간다"는 대사로 유명해진 에클라이레우르스 등대. (출처: 우수아이아 관광자료)

우수아이아에서는 헬기와 관광선으로 돌아볼 수 있는 관광지가 많다. (출처: 우수아이아 관광자료)

오션노바 호에서 본 우수아이아.

있다. 오히려 남극 가는 것보다 더 남극의 맛을 알 수 있는 곳이다.

부에노스아이레스 국회 앞에서 시작해 3,079㎞ 달려온 3번 국도의 종점도 국립공원 안에 있다. 남미 대륙의 끝이다.

비글해협 섬에 사는 바다사자와 펭귄을 보는 관광선이 수시로 떠난다. 2~3일 전 예약은 필수다. 헬기로 비글 해협과 마젤란 해협을 돌아보는 상품도 있다. 홍콩영화 '해피 투게더'에

부에노스아이레스 공항에서 남극 관문인 우수아이아로 떠나는 여객기. 남극 여행 시즌에는 항상 붐빈다.

나와 유명해진 에클라이레우르스(Eclarireurs) 등대도 갈 수 있다. 우수아이아 항구에 20여 개쯤 있는 관광 매표소에서 표를 구하면 된다. 관광 매표소마다 탐방 프로그램이 다르다.

남극 여행 가려면

보통 사람의 남극 여행은 칠레 푼타아레나스(항공편), 아르헨티나 우수아이아(크루즈)에서 출발한다. 이곳까지 오려면 한국에서 아르헨티나 부에노스아이레스까지 온 뒤 국내선을 이용하면 된다.

비행기와 크루즈선을 번갈아 이용하는 상품도 있다. 남극 여행은 남극의 여름인 12월~이듬해 2월에 이뤄진다.

우수아이아에서 떠나는 크루즈의 경우 10~21일 걸리는 일정이다. 경비는 시기와 선실등급에 따라 3,000달러~3만 달러로 차이가 크다.

남극행 크루즈선 티켓은 국제남극관광협회 회원사가 판매한다. 한국에서는 남극 여행 상품을 신발끈여행사 등 일부 여행사가 판매한다.

한국 관광객이 가장 많이 이용하는 상품은 비행기와 크루즈의 두 교통수단을 번갈아 이용하는 것으로 900만~1,000만여 원이다. 신발끈여행사가 해마다 몇 차례 모집한다. 인천공항을 출발해 돌아올 때까지 인솔자가 안내한다. 크루즈선으로 우수아이아에서 드레이크 해협을 건너 사우스 셰틀랜드 군도와 남극 반도를 여행한다. 돌아올 때는 민간 항공편을 이용하는 상품이다. 비행기로 남극까지 간 뒤 크루즈선으로 돌아오는 반대 일정도 있다.

남극점을 비행기로 다녀올 수도 있다. 인천을 떠나 돌아오는 데 14일쯤 걸린다. 인천~푼타아레나스~남극 유니온 빙하 활주로~남극점 활주로를 왕복하는 코스다. 남극 대륙에서 야영하거나 스키를 타는 일정도 들어있다. 비용은 수천만 원이다.

호주 태즈메이니아에서 대형 여객기를 타고 남극 대륙을 둘러보거나 크루즈를 이용하는 방법이 있다. 대형 여객기를 이용하는 상품은 당일치기로 남극 대륙 상공을 둘러보는 것이다.

뉴질랜드에서도 남극 관광을 떠나는 항공편이 있으나 시간이 오래 걸리고 비싸 많이 이용하지 않는다.

세종기지로 가는 우리나라 과학자와 기술자들은 주로 칠레 푼타아레나스에서 칠레 공군 화물기를 빌려 타고 들어간다. 공군기가 도착한 킹 조지 섬 프레이 기지에서 고무보트를 타고 세종기지로 간다. 기상악화로 보트를 운항하지 못 하면 프레이 기지에서 묵은 뒤 가야 한다.

비자가 필요 없는 여행

남극점 정복을 둘러싼 아문센(Roald Amundsen, 1872~1928)과 스콧(Robert Falcon Scott, 1868~1912)의 대결은 1909~1912년에 벌어졌다. 섀클턴(Ernest Henry Shackleton, 1874~1922)의 '위대한 항해'는 1914~1916년에 펼쳐졌다. 20세기 초에 벌어진 영웅들의 남극 개척 덕분에 21세기 우리는 편하게 남극 여행을 할 수 있다.

남극 탐험 시대에는 유럽에서 출발해 몇 년씩 걸리는 대장정이었다. 그러나 지금은 아르헨티나 우수아이아 항에서 남극 반도까지 배로 나흘, 항공편으로는 2시간이면 갈 수 있다.

우수아이아 부두에서 오후 3시쯤 남극행 크루즈 오션노바(OCEAN NOVA)호에 올랐다.

이 배는 바하마 나소(Bahamas Nassau) 선적의 2,000t급으로 Nova Crusing Ltd사가 2000년 극지항해용으로 개조했다. 'ANTARCTICA ⅩⅩⅠ'사가 남극 여행 시즌인 11월~이듬해 3월까지 임대해 운항하고 있다

크루즈선이라고 지중해를 오가는 호화 크루즈로 생각했다면 실망한다. 100명 미만의 승객만 태울 수 있는 작은 크루즈선이다. 그 이유는 이렇다.

45개 선실에 침대가 94개로 승객을 94명까지 태울 수 있었다. 이 배의 최대 승객수가 94명인 것은 남극 관광 협약 때문이다. 이 협약은 관광객이 남극의 한 지역에 한꺼번에 100명 이상이 함께 머무를 수 없도록 규정하고 있다.

따라서 승객수가 100명이 넘는 대형 크루즈선들은 몇 개 그룹으로 나눠 상륙시킨다. 먼저 내린 그룹이 돌아오면 다음 그룹이 상륙하는 방식으로 남극 체류자를 100명 미만으로 조절한다.

내 선실은 2층 침대가 양쪽으로 2개, 모두 4명이 정원이지만 3명이 배정됐다. 조선소 협력업체 현 사장, 광고회사 디자이너 등 남성 3명이었다.

많은 배를 만들어 온 현 사장은 "비상 탈출구부터 확인하러 가자"라고 제안했다. 배를

우수아이아 항에 정박해 있는 남극행 오션노바 호에 승선하는 관광객들.

오션노바 호 선실. 4인 1실 선실이 대부분이다.

타면 비상 탈출구부터 확인해 둬야 한다는 게 그의 지론. 먼저 선실 문에 붙어 있는 배치도를 보며 붉은 선의 비상 탈출로를 확인한 뒤 미로 같은 탈출로를 따라갔다. 기다란 복도를 지난 뒤 가파른 계단을 몇 차례 오르니 갑판이 나왔다. 비상상황이 터지면 꾸불꾸불한 비상 탈출로를 제대로 찾을 수 있을까.

혼자서 식당을 가는 길에 비상 탈출로를 확인하느라 몇 차례 갑판을 오르내렸다. 그때마다 여러 명의 외국인 승객을 만났다. 그들은 비상 탈출로를 확인하는 습관에 길들여 있었다. 나는 처음이지만.

남극 여행은 오션노바 호에서 숙식하며 고무보트 조디악(Zodiac)[7]으로 남극에 상륙한다. 남극에는 여행자를 위한 숙소와 식당이 없기 때문이다.

배가 출항하자마자 모든 여행자를 모아 놓고 비상 탈출훈련과 남극 상륙에 대비한 교육을 2시간쯤 진행했다. 동영상을 보여주며 승무원들이 구명복 입는 과정을 직접 보여줬다. 그리고는 갑판으로 옮겨서 구명정 타는 과정도 체험시켰다. 남극에 상륙한 뒤 관광객이 지켜야 할 수칙을 미리 교육했는데 모든 승객이 들어야 하는 의무교육이다. 출석 체크까지 한다.

위기가 닥치면 인간의 공포는 본능적이다. 그 본능을 이기는 방법은 반복된 훈련뿐이다.

남극 항해용으로 건조된 이 배도 사고를 비껴가지 못했다. 2009년 2월 17일 남극 아르헨티나 과학기지 근처에서 좌초된 적이 있었다.

우리의 세월호 사고가 생각났다. 그 후에도 별로 달라지지 않은 게 우리의 현실이다.

교육장에 모두 모인 90여 명의 승객을 보고 놀랐다. 남극 여행자들이라면 튼튼한 몸을 자랑하는 남성들이 많을 거라는 게 나의 생각이었다. 웬걸, 70살을 넘긴 노부부도 보이고 아버지와 같이 온 10대 여고생도 있었다. 이미 남극 여행이 보편화되고 있음을 알 수 있었다.

교육내용은 남극의 생태자원과 환경 보호에 초점을 맞췄다.

걸어가는 펭귄을 만나면 멈추고 펭귄이 먼저 지나가도록 양보하라. 펭귄 5m(15피트) 이내 접근금지, 식물 한 포기도 밟지 마라, 옷과 신발에 씨앗·세균을 묻힌 채 남극에 내리지 마라, 야생동물 사체나 뼈를 만나면 돌아가라, 소변과 낙서 금지 등이었다.

---

7) 프랑스 고무보트 제조회사 조디악이 만든 고무보트. 해병대 특수부대 등이 상륙용으로 사용할 정도로 튼튼하다. 고유명사가 보통명사가 된 케이스다.

오션노바 호가 우수아이아 항을 떠나자마자 강의실과 갑판에서 비상 탈출 교육이 시작됐다. 이 교육은 의무교육으로 출석 체크까지 한다.

남극에는 바이러스가 못 살아 감기 환자가 없다(?)

남극 과학기지에는 감기 환자가 드물다. 추운 날씨로 감기 환자가 많을 것 같지만 정반대다. 이유는 바이러스가 살기 힘들 정도로 추워 감기 환자가 없는 것으로 알려져 있다. 바이러스를 옮기는 생명체도 거의 없어 감기가 유행하지도 않는다.

고려대 의과대학 생리학 교실 이민구 교수가 세종기지 1988~2013년의 의무기록 4049건을 분석한 결과 외상 24%, 소화기 증상 19%, 피부 증상 15%, 근골격계 증상 14% 등이었다. 이 교수는 아라온호 선의를 지냈으며 세종기지에서도 근무했었다.[8)]

그렇다고 감기 환자가 전혀 없는 것은 아니다. 본국에서 감기 바이러스를 지닌 채 남극 과학기지로 들어오는 신입 대원이 있을 때 감기 환자가 발생한다. 그래서 남극기지에는 감기약이 있다.

나는 교육을 받으면서 '풀 한 포기 밟지 말라'는 대목이 지나치다는 생각이 들었다. 그러나 남극에서는 작은 이끼라도 생명체로 귀하게 여겨야 하는 이유가 있었다.

스페인 마드리드 콤플루텐세대학교 식물학과 레오폴드 산초 박사팀이 남극 대륙에서 건조하고 삭막하기로 유명한 남위 77도의 드라이밸리 지역 팔코너 산 정상에서 'Buellia frigida'라는 지의류[9)]를 대상으로 1980년부터 2005년까지 25년간의 생장을 조사하였다. 이 지역 지의류 생장 속도는 1년간 0.0038㎜밖에 자라지 못하는 것으로 밝혀졌다. 24㎜밖에 안 되는 개체의 나이가 무려 6517년으로 추정되었다.[10)] 그랬구나. 추위와 싸우느라 1년에 1㎜도 자라지 못하는 생명은 바라보기만 하여도 경이롭다. 남극 여행의 맛은 이런 것이다. 그냥 보이는 것만 즐기는 것이 아니다. 존재하는 생명체 하나하나에 깃든 의미를 새겨 보는 것이다. 프랑스 소설가 마르셀 프루스트(1871~1922)의 말이 떠오른다.

"진정한 여행은 새로운 풍경이 펼쳐지는 곳을 찾는 것이 아니라 새로운 눈으로 여행하는 것이다."

사람들은 남극을 '지구상에 마지막 남은 주인 없는 땅'으로 알고 있다. 남극 대륙은 1961년 발효된 남극조약에 따라 영유권 주장이 유보돼 있어 어느 나라 소유도 아니다. 당연히 비자가 필요 없고 출입국 절차도 없다.

8) 세계일보 2015년 4월 13일자 인터넷판.
9) 地衣類(lichen)는 이끼류와는 다르다. 곰팡이류 균사로 아뤄진 균체 안에 수백만 개의 조류(藻類)가 공생하고 있는 생명체. 세계에 1만 5,000여종이 있다. 식물이 자라지 못하는 곳에서 자란다.
10) 『극지 과학자가 들려주는 남극 식물 이야기』 이현석 지음, 지식노마드, 41쪽.

남극 여행 비자는?

남극은 세계 어느 나라에도 속해 있지 않다. 그러니 남극 여행을 허가하는 비자 발급 권한을 가진 나라가 없다. 남극에 가려는 사람은 본인 국적 국가의 규제를 받는다. 한 나라의 국민은 어디에 있든지 자기 나라의 법을 적용받는다는 '속인주의' 관할권이 적용된다.

우리나라는 외교부 장관의 허가 없이 남위 60도 이남 지역에 들어가면 3년 이하 징역이나 3,000만 원 이하의 벌금을 물린다고 규정하고 있다. '남극활동 및 환경보호에 관한 법률'제4조(남극 활동의 허가)의 내용이다. 우리나라가 1986년 33번째로 가입한 남극조약에 따른 것이다.

남극 활동을 허가받았더라도 남극 토착 동식물을 채취하거나 남극 밖으로 실어 내는 행위, 남극에서 항공기·차량·선박 등의 운항은 외교부 장관의 승인을 받아야 한다. 남극 특별 보호구역, 남극 특별 관리구역, 남극 사적지, 기념물에 출입할 때도 별도 승인을 받아야 한다.

남극에 가는 과학자, 언론인 등은 외교부 방침을 철저히 따르고 있다. 외교부는 일반 여행자도 허가를 받아야 하고, 남극 보존에 관한 국제협약에 따라 여러 제약을 받는다고 밝히고 있다.

그러나 일반 여행자들에게 이 규정을 적용하기는 무리다. 대부분의 우리나라 남극 관광객들은 외교부 장관의 허가를 받지 않는다.

이에 대해 국내의 남극 여행업계는 남극여행 허가제를 폐지하라고 주장한다.

남극에는 여행 기반시설이 전혀 없어 남극 여행업자들이 제공하는 교통과 숙식 안내 없이는 다닐 수 없다. 그러니 남극 여행업자들에게만 남극조약 규정을 적용하고, 여행자 개인에게는 이 규정을 적용할 필요가 없다는 것이다. 남극 여행사가 주관하는 남극 환경 보호에 관한 교육을 일반 여행자들이 받으면 충분하다는 입장이다. 30년 전 만들어진 규정을 남극 여행이 보편화한 지금도 경직되게 적용하고 있어 문제라고 지적한다.

남극의 자연환경을 잘 보존하면서 평범한 관광객이 주눅 들지 않고 남극을 편하게 다녀올 수 있는 관련 법 정비가 필요하다. 남극에서 우리의 영향력을 확대하려면 많은 한국 사람들이 남극에 가서 보고 느끼는 것이다.

푸에르토 윌리암스 부두.

교육이 끝날 무렵 배가 푸에르토 윌리암스(Puerto Williams)라는 섬에 잠시 들렀다. 이 섬에서 우수아이아 주변에 야간족이라는 원주민이 살았다는 사실을 확인할 수 있었다. 이 섬에 있는 마을 역사관에서다. 이 작은 마을 역사는 깊었다.

이곳에서 멸종된 남미 인디언 원주민들의 사진을 볼 수 있었다. 이 춥고 스산한 땅에서 거의 알몸으로 생활했었다.

원시생활을 하던 인디언 원주민들은 유럽인들이 몰려오면서 사라져 갔다. 그들이 좋은 땅을 차지하자 원주민들은 숲속으로 숨어들 수밖에 없었다. 남미 인디언들은 순하고 착했다. 서부영화에 나오는 북미 인디언처럼 자신들의 영토를 침범해 오는 문명인과 대결하지 않았다.

유럽 이주민들은 남미 원주민들을 대량 학살했다. 한 영국회사는 원주민들의 귀를 잘라오면 돈을 줬다는 이야기도 남아 있다. 파타고니아 기름진 땅에다 농장을 만들려던 유럽인들은 거추장스러운 원주민들을 죽여 나갔다. 어떤 프랑스인은 파타고니아 일부 지역을 점령한 뒤 자신의 왕국이라고 선포했다고 한다.

나는 이 역사관이 파타고니아 인디언들의 문화를 알려주는 것이 아니라 유럽인들의 침략과 야만성을 증명하는 현장이라는 생각이 들었다.

원주민과 그들의 문화까지 말살해 놓고 역사관 세워 놓으면 유럽인들이 지은 죄는 사라지는 것인가.

문명인들이 원주민들에게 행하는 약탈과 야만성은 지금도 이어지고 있다.

오늘날 식물에서 추출한 약의 상당 부분은 저개발국 토착 원주민들이 전통적으로 사용하던 약용식물에서 유래한 것이다. 선진국 거대 제약회사들은 원주민들이 오랜 세월을 두고 사용해 온 지혜를 아무런 대가도 없이 가로채서 상업화하는 경우가 많다. 이 행위는 그동안 생물 해적질(Bio−piracy), 또는 생물 식민주의(Bio−colonialism)라는 비판을 받으면서, 유엔의 생물다양성 협약에도 "원주민의 지혜를 존중한다."라는 조항이 들어가게 되었다.[11]

푸에르토 윌리암스 섬 역사관에는 원주민이었던 야간족 사진이 걸려 있다. 침략자인 유럽인들에 의해 멸종됐다.(출처: 푸에르토 윌리암스 마을 역사관)

11) 중앙일보 2018년 5월 22일 자 24면.

푸에르토 윌리암스는 우수아이아 항을 떠난 뒤 약 2시간밖에 걸리지 않았다. 칠레의 나바리노 아일랜드(Navarino Island)에 있는 가장 남쪽 마을로 해군기지가 있었다. 원래 무인도였던 이곳을 칠레가 해군기지로 개발하면서 해군과 그 가족 2,000여 명이 살고 있다. 남극 크루즈의 출발항 우수아이아와는 비글해협을 사이에 두고 마주 보고 있다. 오션노바 호는 칠레 해군 부두에 접안했다. 우수아이아는 아르헨티나 땅이고 푸에르토 윌리암스는 칠레 땅이다. 바다에서 국경을 넘었지만 별도의 입국 심사는 없었다. 남미 나라들의 국경은 이웃집 오가듯이 느슨했다.

남미를 여행하다 보면 국경선이 이상하다. 우수아이아가 있는 티에라델푸에고 제도 가운데를 직선으로 그은 선이 칠레와 아르헨티나 국경이다. 한 개 섬을 한 나라로 하지 않고 두 동강을 내놨다.

여기에는 남미의 아픈 역사가 있었다.

유럽인들이 점령하기 전 남미 원주민들에게는 국경 개념이 없었다. 지역별로 고유한 문화를 가진 부족을 이루며 평화로이 살았다. 1492년 콜럼버스에 의해 발견된 뒤 유럽 사람들이 몰려오면서 서로 많은 땅을 차지하려고 경쟁했다.

분쟁이 계속되자 1493년 교황 알렉산더 6세가 중재에 나섰다. 아프리카 서쪽 카보베데르 섬에서 1,500㎞ 떨어진 곳에 일직선을 긋고 서쪽은 스페인, 동쪽은 포르투갈이 차지하도록 결정했다. 그래서 동쪽에 있는 브라질은 포르투갈 령이 되고 나머지 서쪽은 스페인 식민지가 됐다.

스페인 령이었던 칠레와 아르헨티나의 국경은 당시 스페인 식민지 행정단위가 국경선으로 바뀐 것이다. 국경이라 생각하지 않고 행정 하기 편한 면적대로 자른 선이었다. 그렇게 하다 보니 섬 한가운데 국경선이 그어졌다. 그 후 유럽 나라들은 뺏고 뺏기는 영토전쟁을 벌인 끝에 지금의 국경선이 확정됐다. 대표적인 영토전쟁이 1879~1882년 칠레와 볼리비아 사이에 벌어진 남미 태평양전쟁이다.

들쭉날쭉한 섬 사이로 선을 긋는 게 귀찮아서 지도에 자를 대고 죽 그은 게 남미의 국경선이다. 그 국경선에는 정복자들의 오만함이 묻어있다. 그 국경선 때문에 오늘 남미 여행자들은 가까운 곳을 가는데도 국경선을 여러 번 넘나드는 불편을 겪고 있다.

배는 푸에르토 윌리엄스를 떠나 남극으로 항해를 시작했다. 선실에서 잠시 휴식한 뒤

푸에르토 윌리암스 해군 부두에 정박 중인 칠레 군함. 남미 나라들은 남극과 가까운 항구를 군사 요충지로 관리하고 있었다.

레스토랑으로 갔다. 배에서 첫 저녁 식사였다. 식사는 호텔식이었고 승무원들도 친절했다. 저녁을 먹고 침실에 누웠다. 선실에 샤워기 달린 작은 화장실이 있어 불편함은 없었다. 배 안에는 헬스장과 작은 도서관도 있었다.

둘째 날 아침 오션노바 호는 혼(Horn) 곶(串)[12] 앞바다에 정박했다. 승객들은 아침 식사를 마친 뒤 혼 곶 상륙 준비를 했다. 남극으로 가는 길목에 있는 혼 곶을 둘러보는 것이다. 남극 상륙에 대비해 조디악을 타고 내리는 연습도 겸해 보였다.

혼 곶은 남아메리카 대륙 최남단, 칠레의 티에라델푸에고 제도에 속한다. 혼 곶 앞 바다는 드센 조류와 유빙, 강풍으로 지구상에서 가장 위험한 바다이다. 선박사고가 잦아 '선원들의 무덤'이라고 불린다. 1616년 이곳을 항해했던 네덜란드의 항해가 빌렘 코르넬리스존 스호우텐의 출생도시인 네덜란드 호른(hoorn)에서 유래됐다. 아프리카 대륙 최남단 희망봉(Cape of Good Hope), 호주 최남단 루윈(Cape Leeuwin) 곶과 더불어 세계 3대 곶으로 꼽힌다. 파나

12) 곶(串, Cape)은 바다 쪽으로 튀어나온 육지. 크면 반도라 부른다. 만(灣)의 반대말. 곶은 바다에서 잘 보여서 등대를 설치한다.

오션노바 호의 헬스장과 도서관. 이용자가 없어 한산했다.
그 이유는 승객들이 심한 뱃멀미에 시달린 탓이다.

마 운하가 개통되면서 이곳을 항해하는 배는 크게 줄었다.

파나마 운하가 개통된 뒤 운하를 통과할 수 있는 선박은 폭 32.3m, 길이 295m, 흘수(吃水) 12m이었다. 1914년 8월 15일 개통된 뒤 이보다 더 큰 배들은 혼 곶을 둘러가느라 1만 4,000여 ㎞를 더 항해해야 했다. 그러나 2016년 6월 26일 파나마 운하 확장공사가 마무리되면서 통과 선박은 폭 49m, 길이 366m, 흘수 15m까지 커졌다.

컨테이너선의 경우 5,000TEU 규모에서 1만 3,500TEU로 늘어난다. 전 세계 선박의 약 97%가 통과할 수 있다. 파나마 운하 폭이 배의 크기를 좌우한다. 그 때문에 전 세계 조선소는 운하를 통과할 수 있는 너비로 배를 건조한다.

이제 혼 곶 앞바다에서 큰 배는 보기는 힘들다. 다만 모험을 즐기는 세계 일주 요트들만 지나갈 뿐이다.

고무보트를 타고 혼 곶 절벽 아래 해안까지 간 뒤 혼 곶을 향해 가파른 계단을 올랐다. 정신없이 땅만 보고 계단을 오르다 작은 성모상을 만난다. 현지 토속신앙의 영향을 받은 남미 가톨릭의 분위기를 알 수 있었다.

절벽을 오른 뒤 혼 곶 기념비까지 1㎞쯤 데크를 따라 걸었다. 드센 비바람에 몸을 제대로 가눌 수 없다. 알바트로스 모양의 혼 곶 기념비에는 사라 비엘(Sara Vial)의 시가 새겨져 있었다. 이곳에서 목숨을 잃은 선원들을 위로하는 내용이다.

알바트로스에는 바다에서 목숨을 잃은 선원들의 영혼이 깃들어 있다는 전설이 있다. 알바트로스는 지구에서 날아다니는 새 가운데 가장 큰 새다. 날갯짓 없이 우아하게 하늘을

혼 곶 앞바다 오션노바 호에서 고무보트로 갈아타고 혼 곶에 상륙했다. 바다 한가운데서 고무보트로 옮겨 타야 하므로 파도가 심하면 상륙할 수 없다.

혼 곶 앞 해안에 상륙한 뒤 수직에 가까운 계단을 올라야 한다.

혼 곶 기념비로 가는 길은 억새밭 사이로 난 데크를 따라 한참을 걸어야 했다. 몸을 가누기 힘들 정도의 드센 비바람이 불고 있어 혼 곶 앞 해상 날씨가 얼마나 험악한지 알 수 있었다.

혼 곶 등대 앞에 있는 작은 성당. 성당 안에서는 칠레 출입
국관리소 직원이 기념 스탬프를 찍어 주고 있었다.

혼 곶 기념비. 알바트로스 모양의 기념비에는 이곳에서 목숨을 잃은 선원들을 위로하는 시가 새겨져 있었다

노란색 점퍼를 입은 오션노바 호의 남극 프로그램 진행자들이 관광객들의 혼 곶 상륙을 돕고 있다.

나는 모습을 보면 그 전설이 사실처럼 들린다.

바람과 파도에도 영향을 받지 않고 마음껏 날아다니는 알바트로스는 배를 벗어나지 못한 채 바다에 수장된 선원들이 가장 닮고 싶었던 새였다. 혼 곶 기념비가 알바트로스 모양인 이유다.

걸어가는 동안 드센 비바람은 계속 불었다. 돌아오는 길에 혼 곶 등대에 들렀다. 등대 앞에는 작은 성당이 있었다. 성당 안에는 칠레 출입국관리소 직원이 기념 스탬프를 찍어 주고 있었다.

다시 상륙지점으로 돌아와 고무보트를 타고 배로 돌아왔다. 혼 곶 상륙은 항상 가능하지 않다고 한다. 기상 상태를 봐서 파도가 높으면 상륙할 수 없다. 바다 한가운데 큰 배에서 고무보트로 옮겨 타기가 위험하기 때문이다.

오션노바 호의 남극프로그램 진행자 니겔 밀리우스. 25년 동안 남극 과학기지에서 다양한 경험을 쌓은 그는 무전기와 망원경으로 무장한 채 관광객을 안내했다.

남극과 북극 차이

남극점은 땅이고 북극점은 바다다. 그래서 '남극 대륙' '북극해'라고 각각 부른다.

남극점은 얼음으로 뒤덮인 면적 1,360만㎢의 거대한 남극 대륙 한가운데 있다. 남극 대륙은 지구 육지면적의 9.2%를 차지한다. 아시아·아프리카·북아메리카·남아메리카에 이어 다섯 번째로 크다. 한반도의 62배다. 남극이라는 단어는 남극 대륙과 그 주변을 둘러싸고 흐르는 남빙양을 포함한다. 남빙양은 남극조약의 규정에 따라 남위 60도 이하의 바다를 말한다.

북극점은 유라시아 대륙과 북아메리카 대륙으로 둘러싸인 드넓은 얼음 바다 가운데다. 그린란드와 알래스카 지역을 말한다.

얼음도 성질이 서로 다르다. 남극 얼음은 평균 두께가 2㎞, 두터운 것은 4㎞짜리도 있다. 남극 얼음이 두꺼운 이유는 오랜 세월 동안 남극 땅 위에 눈이 쌓였기 때문이다. 따라서 맨 밑바닥 얼음은 수천만 년의 역사를 갖고 있다. 아래쪽 얼음에는 수천만 년 전의 공기, 식물화석, 하늘에서 떨어진 운석 등을 품고 있다.

그래서 과학자들은 빙하를 뚫어서 채취한 빙하 코어의 성분을 분석하여 지구의

과거 생태계를 연구하고 있다. 빙하 코어에 있는 산소와 수소의 동위 원소 비율을 측정하면 당시의 지구 기온을 알 수 있다. 빙하 코어는 타임캡슐인 셈이다.

그러나 북극 얼음은 바닷물이 언 것이다. 따라서 얼음 두께가 소금의 영향으로 두꺼운 것이 10m 정도다. 지구 온난화로 북극의 얼음은 녹고 있다. 그러면서 땅이 드러나 농토가 늘어나고 북극항로가 열려 배들이 다니고 있다. 우리나라 유럽행 상선들은 수에즈 운하 대신에 북극항로로 시험 운항하고 있다. 거리는 단축되지만 정확한 시각에 도착해야 하는 상선들의 특성상 어려움이 있다고 한다. 그러나 북극해 얼음이 더 녹으면 북극항로는 활성화될 수 있다.

거주자들도 다르다. 남극권에는 과학기지에서 일하는 과학자들과 기술자들만 있다. 남극 과학기지를 운영하는 나라에서 잠시 들어가 사는 이주민들이다. 북극권에는 에스키모라고 불리는 이누이트 족 원주민들이 오래전부터 살고 있다.

지구에서 가장 험악한 드레이크(Drake) 해협

혼 곶을 떠난 배는 남극을 향한 항해를 시작했다. 배가 드레이크 해협으로 접어들면서 심하게 흔들리기 시작했다. 배 안 레스토랑에는 인적이 뚝 끊겼다. 심한 뱃멀미로 식사를 못하는 승객들이 많아진 탓이다. 흔들리는 난간을 잡고 레스토랑으로 가보니 한산했다. 나도 간단한 음식을 먹고 선실로 돌아와서 누웠다.

식당 입구에는 독일인 여의사가 뱃멀미약을 나눠 주고 있었다. 뱃멀미가 심하면 주사를 놓아줬다. 이 여의사는 평소에는 독일의 병원에서 진료하다가 남극 여행 계절인 12월~이듬해 2월까지만 이 배를 탄다고 했다.

"힘들지 않느냐."

"천만에, 남극은 특별한 에너지를 준다."

"무슨 에너지?"

"지구 태초의 자연이 내 품는 에너지다."

그녀는 남극 생활 석 달을 기다리며 독일에서 9개월 동안 즐거운 마음으로 환자를 돌본다고 한다. 그녀의 일하는 자세와 여유가 부러웠다.

침실에 누웠으나 배의 요동으로 잠을 잘 수 없다. 몸이 침대 이쪽저쪽으로 밀려다닌다. 바닥에 놓아둔 여행 가방이 이리저리 부딪친다. 선창 밖을 보니 좌우 끝이 보이지 않는 기다란 파도가 밀려오고 있었다. 이런 파도가 배를 훑고 지나갈 때마다 엔진은 "크르렁" 비명을 질렀다.

식당에서 선실로 가는 길목에서 승객들의 뱃멀미 치료를 하는 독일 여의사

멀미약을 먹었으나 화장실로 달려가 몇 차례 '꽥꽥'거렸다. 말로만 듣던 드레이크 해

협과 이렇게 만났다.

드레이크 해협은 남미 최남단 티에라델푸에고 제도와 남극 대륙 앞 사우스 셰틀랜드(South Shetland) 제도 사이 바다 650여 ㎞를 말한다. 세계에서 가장 넓은 해협이지만 남극에서 다른 대륙과 거리가 가장 가깝다. 그래서 남극으로 가는 배와 항공기 같은 교통편이 몰려 있다.

1578년 이 해협의 존재를 확인한 영국 군인인 프랜시스 드레이크(Francis Drake)의 이름에서 따왔다고 한다.

지금은 3~4일 정도면 드레이크 해협을 건너지만 100년 전 남극 탐험 시대에는 3주쯤 걸렸다. 100년 전 항해와 비교할 수 없지만 뱃멀미는 참기 어려웠다.

드레이크 해협은 남극 저기압과 북쪽에서 온 고기압이 만나 강한 바람이 만들어지는 곳이다. 해협의 바람은 허리케인급이다.

극지 항해용이라는 오션노바 호도 끝없이 흔들렸다. 얄밉게도 프로그램 진행요원들과 선원들만 웃음을 띠고 다녔다. 승객들을 만나면 "괜찮냐"고 물었다.

드레이크 해협 파도. 남미 최남단 티에라델푸에고 제도와 남극 대륙 앞 사우스셰틀랜드 제도 사이 바다 650여 ㎞는 지구상에서 가장 험악하다.

남극 빙산을 오션노바 호 승객이 보고 있다.

빙하의 모양은 다양하다.

눈이 녹아 표면을 드러낸 남극의 섬. 지구 온난화의 증거다.

『섀클턴의 위대한 항해』 저자인 알프레드 랜싱은 인듀어런스 호 탐험대원들의 기록을 토대로 드레이크 해협의 두려움을 이렇게 적었다.

> 어떠한 육지의 방해도 받지 않은 채 태초부터 지금까지 바람이 파도를 시계방향으로 무자비하게 몰며 지구를 한 바퀴 돈 다음, 다시 원위치로 돌아와 다른 바람과 합세하여 세력을 강화하는 곳이다. (중략)
>
> 파도 마루에서 마루까지 길이(파도를 정면에서 보았을 때 좌우 폭)가 거의 1.6㎞쯤으로 알려져 있으며, 몇몇 선원들은 파도의 높이가 무려 60m에 이른다고 보고했다.[13)]

드레이크 해협을 건너는 오션노바 호에 누워 정신없이 뱃멀미하면서도 『위대한 항해』를 꺼냈다. 떠날 때 배낭에 넣어 온 책이었다. 한국에서 몇 번을 읽었지만 100여 년 전 노 젓는 작은 배로 동료를 구하기 위해 1,300㎞의 이 바다를 건넌 어니스트 섀클턴. 그 불굴의 정신을 현장에서 실감하고 싶었다.

드레이크 해협의 높은 파도를 선창으로 보면서 그 항해를 왜 '위대한 항해'라고 부르는지 알 수 있었다. 아, 저 바다를 노 젓는 작은 배로 건넜다니 믿어지지 않았다.

그 항해의 줄거리는 언제 읽어도 감동이다. 아마도 서너 번쯤 읽었던 것 같다.

섀클턴이 노 젓는 작은 배 제임스커드 호로 드레이크 해협을 건넌 위대한 항해는 1916년 4월 24일부터 5월 10일까지 17일간이다. 제임스커드 호 크기는 길이 7m. 너비 2m였다. 우리나라에서 흔히 볼 수 있는 소형어선 크기다. 그 배에 섀클턴과 대원 5명 등 모두 6명이 타고 드레이크 해협을 건너갔다. 남극 탐험을 위해 왔던 뱃길을 거꾸로 간 것이다.

조난지점인 남극 대륙 앞 엘리펀트 섬에 22명의 대원을 남겨둔 채다. 포경기지가 있는 사우스 조지아 섬으로 가서 구조요청을 하기 위해서다.

조난당하기 1년 3개월 전인 1915년 1월 섀클턴은 남극 탐험을 위해 인듀어런스 호를 타고 당당하게 드레이크 해협을 건넜다. 그러나 탐험을 시작하기도 전에 남극 대륙 앞에서 얼

---

13) 『섀클턴의 위대한 항해』, 알프레드 랜싱 지음, 유혜경 옮김, 뜨인돌, 2009, 279~280쪽.

음에 둘러싸여 인듀어런스 호는 침몰한다. 천신만고 끝에 27명의 대원과 '엘리펀트'라는 남극의 작은 섬에 상륙한다. 그렇다고 엘리펀트 섬에서 마냥 구조를 기다릴 수는 없는 형편. 통신도 되지 않는 극한의 땅에서 언제 지나갈지 모르는 배를 기다린다는 것은 바로 죽음이었다.

섀클턴은 그 섬에 22명의 대원을 남겨둔 채 5명의 대원을 뽑아 구명정급인 제임스커드 호를 타고 드레이크 해협을 거꾸로 건너가서 구조를 요청하기로 한다.

영하 수십 도인 남극 섬에 남은 대원들도 대장 섀클턴의 말대로 구조되리라고 믿지 않았다. 구조 요청하러 떠난 섀클턴 일행도 성공 보장은 없었다. 떠나는 대원들이나 남은 사람이나 절망감에 젖어 있었다. 그러나 섀클턴은 드레이크 해협을 건너는데 성공, 큰 배를 빌려 엘리펀트 섬에 두고 온 대원들을 모두 구조하면서 '세기의 영웅'이 된다.

남극 탐험을 위해 섀클턴이 1914년 탐험대원 27명과 함께 타고 간 인듀어런스 호는 당시에는 가장 튼튼한 배였다. 350마력 증기엔진을 달았고 길이 44m, 너비 7.6m 크기다. 선체 외벽에는 얼음에 긁히는 것을 막기 위해 열대 아메리카산 녹색 나무를 덧댔다.

내가 타고 간 오션노바 호의 크기가 길이 72.8m, 너비 11.3m였으니 인듀어런스 호는 오션노바 호의 절반 크기였다.

남극 고래와 물개를 잡는 배를 전문으로 만드는 노르웨이 조선소에서 1912년 12월 진수됐다. 부빙(浮氷)과 충돌해도 안전하도록 두꺼운 용골을 사용했었다.

영국이 자랑하는 네 사람은 셰익스피어·뉴턴·스콧·섀클턴이다. 세계적인 문호와 과학자 사이에 남극 탐험에 실패한 스콧과 섀클턴 두 사람이 포함돼 있다. 나는 드레이크 해협을 건너는 배 안에서 섀클턴이 영국민의 사랑을 받는 이유를 알 수 있었다.

섀클턴의 남극 탐험은 성공하지 못했지만, 애초 그의 목표는 남극 대륙횡단이라는 새로운 시도였다.

아문센과 스콧의 남극점 정복은 남극점에 도달한 뒤 갔던 길을 되돌아오는 코스였다. 그러나 섀클턴은 남극점을 통과해서 반대편 남극 대륙 해안에 도착하려고 했다. 갔던 길을 되돌아오는 코스보다 새 루트를 계속 뚫고 가는 남극 대륙 관통이다. 훨씬 힘들 수밖에 없다. 이 남극 횡단은 탐험대를 두 그룹으로 운영해야 한다. 1차 정복대가 바셀만에서 남극점

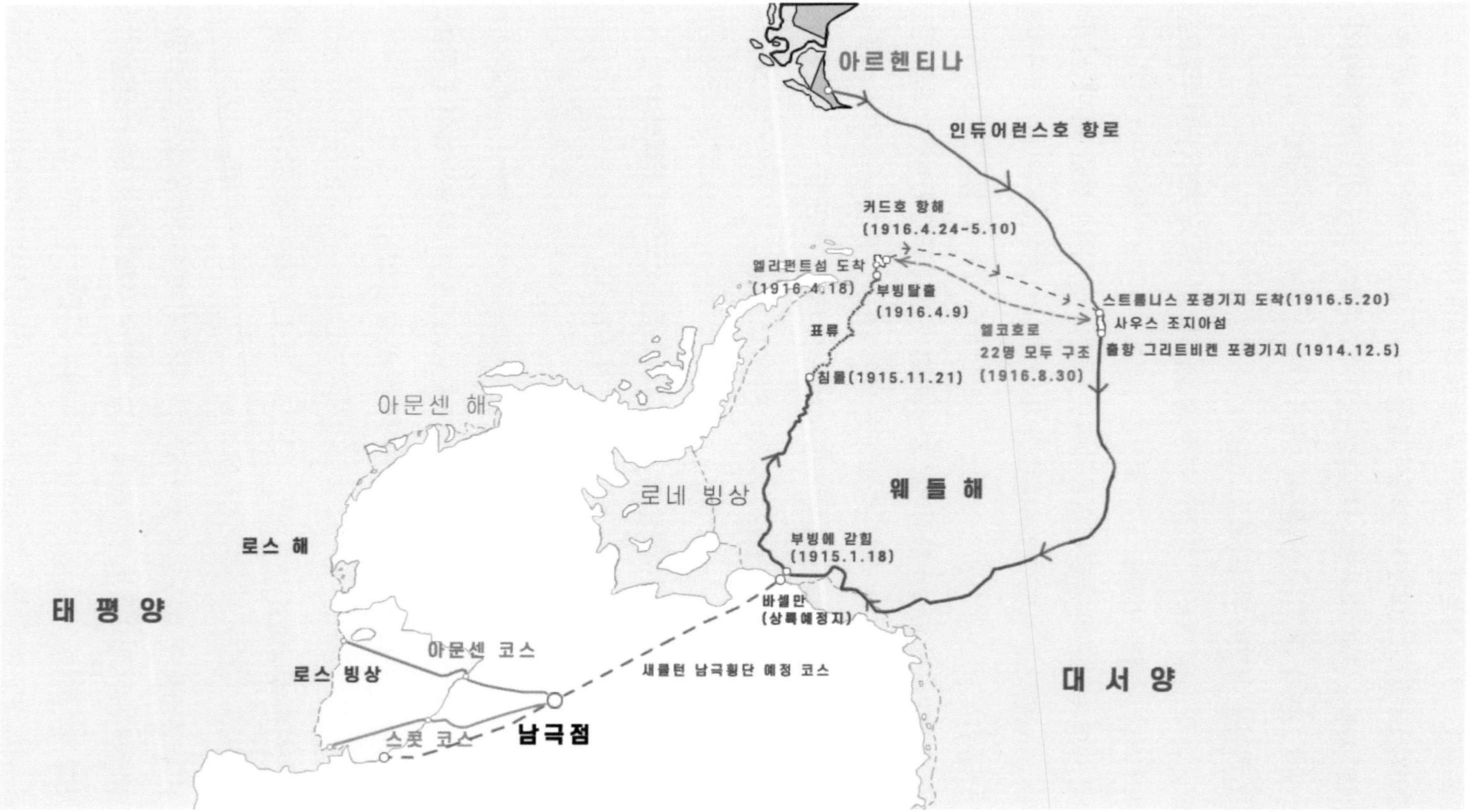

아문센, 스콧, 섀클턴 남극 탐험 코스.

을 향해 가는 동안 맞은편 2차 지원대가 오로라 호를 타고 맥머도 해협에서 남극점을 향해 오면서 식량창고를 설치한다. 1차 정복대는 2차 지원대가 남극점까지 마련해 둔 비상식량을 공급받으면서 맥머도 해안 기지에 도착할 계획이었다. 결국 두 팀이 남극점을 정복해야 하는 셈이다.

당시 섀클턴의 이러한 계획은 무모하다는 지적을 받았다. 한 번도 어려운 남극점 정복을 두 팀이 동시에 시도하기 때문이었다.

섀클턴의 남극 대륙 횡단은 해양왕국 영국의 자존심을 살리기 위한 탐험이었다. 남극점 첫 정복은 노르웨이 아문센에게 빼앗겼다. 아문센과 경쟁했던 영국의 스콧은 남극점에 도달했으나 돌아오는 길에 숨진 뒤였다. 영국 국민의 자존심이 상해 있을 때 섀클턴이 남극 대륙 횡단이라는 새로운 도전에 나섰으니, 국민적 지지는 하늘을 찌를 정도였다.

기이하게도 섀클턴이 도전하려다 실패한 기록은 100년이 지난 뒤 섀클턴의 외증손자인 패트릭 버겔(Patrick Bergel)이 세운다.

현대자동차가 2017년 4월 공개한 글로벌 홍보 동영상 'Shackleton's Return(탐험가 섀클턴, 남극 횡단 100년의 꿈을 이루다)'에서 버겔이 SUV 차량인 산타페를 타고 남극 횡단에 성공하는 내용을 담고 있다.

현대자동차가 양산 차량의 내구성을 홍보하는데 섀클턴의 증손자를 등장시켰다. 나는 현대자동차가 섀클턴 가문을 등장시킨 게 세계적 기업답다는 생각이 들었다. 섀클턴의 탐험 100주년에 맞춰 촬영한 것도 관심을 끌 만했다. 더구나 섀클턴이 구조한 27명 탐험대원의 후손까지 등장시켰다. 후손들은 "만약 할아버지(섀클턴 탐험대원들)가 돌아오지 않았다면 지금의 저는 없었을 테니 섀클턴이 자랑스럽습니다"라고 말한다. 이 부분은 비록 CF지만 엄숙하다.

그 영상에서 버겔은 "지금도 이렇게나 힘든데 아무것도 없던 100년 전에는 얼마나 더 힘들었을까요"라고 고백한다. 첨단 장비를 갖춘 기술진의 지원을 받으며 한 달간 남극을 자동차로 달린 버겔이 원시적인 장비로 힘들게 탐험했던 외증조부 섀클턴을 생각하는 심정이 절절하다.

버겔은 촬영을 위해 2016년 12월, 30일간의 여정으로 남극 유니언 캠프에서 맥머도 기지

현대자동차는 2017년 4월 공개한 글로벌 홍보 동영상 'Shackleton's Return(탐험가 섀클턴, 남극 횡단 100년의 꿈을 이루다)'에서 섀클턴의 외증손자인 패트릭 버겔을 등장시켰다.(출처: 현대자동차 홍보 동영상 캡처)

까지 총 5,800km 횡단에 성공했었다.

"섀클턴의 도전은 실패가 아니었습니다. 단지 그 꿈을 이루는 데 100년이 걸렸을 뿐입니다." 마무리 멘트도 찡하다.

1916

섀클턴의 '위대한 항해' [14)]

배의 침몰은 끝이 아니라 시작이었다. 섀클턴의 위대한 항해는 타고 온 배가 침몰한 1915년 11월 21일 시작된다. 남극 탐험을 위해 1914년 8월 5일 28명의 대원을 태운 인듀어런스 호가 영국 플리마우스 항을 떠난 지 약 1년 3개월 만이었다.

인듀어런스 호는 아르헨티나 부에노스아이레스 항과 남미 남단~남극 대륙 사이에 있는 사우스 조지아 섬을 거쳐 상륙 예정지인 남극 바셀만 해안 100㎞ 앞에서 부빙에 갇혀 침몰한다.

통신이 제대로 되지 않았던 그 시절 배의 침몰은 죽음을 의미했다. 그 절망의 순간, 섀클턴은 항해 목표를 남극 탐험에서 '전 대원 무사 귀환'으로 바꾼다. 대원들은 침몰 직전 배에서 구명보트와 식품, 탐험 장비를 가져와 떠도는 얼음 벌판인 부빙 위에 텐트를 치고 생활한다.

조류 흐름에 따라 떠도는 부빙 위 텐트 생활을 4개월쯤 하다가 부빙 위를 걷기 시작한다. 끝이 보이지 않는 부빙 서쪽 끝 600㎞ 지점에는 육지가 있을 것이라는 희망을 안고서다. 배에서 가져온 썰매에 보트 3척과 짐을 싣고서 서쪽으로 행군을 시작한다.

부빙이 갈라져 대원과 짐이 빠지면 건져 올리는 위험도 여러 차례 계속됐다. 이제 그들의 소원은 구조가 아니었다. 갈라지지 않는 땅 위에서 잠을 자는 것으로 바뀐다.

부빙 생활이 위험해지자 썰매에 싣고 온 보트 3척을 띄운다. 길이 7m, 너비 2m 안팎의 노 젓는 작은 보트 3척에 28명이 나눠 탔다.

3척이 항해를 하다가 식사시간이 되면 부빙 위에서 식사를 했다. 밤에는 3척을 묶어서 부빙 옆에 정박시키고 잠을 잤다. 대원들의 옷은 소금물에 절고 얼굴은 물개 기름 연료 그을음에 새카맣게 변했다.

마침내 인듀어런스 호를 떠나 험악한 남극 바다를 떠돈 지 6개월 만에 엘리펀트 섬에 겨우 상륙한다. 그토록 기다리던 육지였으나 안전한 곳은 아니었다. 섀클턴과 5명의 대원이 길이 7m, 너비 2m 짜리 작은 보트 제임스커드 호를 타고 포경기지가 있는 사우스 조지아 섬으로 구조를 요청하러 떠난다. 22명의 대원을 남겨둔 채….

섀클턴이 혼 곶, 포클랜드, 사우스 조지아 섬 등 세 곳을 검토하다가 가장 먼 1,300㎞ 떨어진 사우스 조지아 섬을 목표로 잡는다. 혼 곶과 포클랜드는 험악한 드레이크 해협을 가로질러야 하는 코스였고, 사우스 조지아는 바람을 타고 비스듬히 갈 수 있어 유리하다고 판단했다. 그래도 작

14) 앞의 책 내용을 요약했다.

은 보트로 거센 조류에 잘못 올라탔다가는 대서양으로 빠져 버릴 수도 있었다.

항해는 예상보다 어려웠다. 배에 두꺼운 얼음이 쌓여 배가 물에 잠기면서 향해 속도는 갈수록 느려졌다. 식수는 오염돼 식사를 제대로 할 수 없었다. 굶어 죽을 위기까지 몰렸다. 마침내 엘리펀트 섬을 떠난 지 16일 만에 사우스 조지아 섬 자갈밭 해안에 상륙한다. 그러나 포경기지는 섬 반대편에 있었다.

부서진 제임스커드 호로는 남은 항해가 불가능했다. 섀클턴과 두 명의 대원은 길도 없고 눈과 빙하로 뒤덮인 산을 넘는다. 야생동물의 습격에 대비해 총과 실탄을 챙겨 떠난 지 이틀 만에 포경기지에 도착한다.

긴 머리에 찢어지고 그을음에 절은 섀클턴 일행이 포경기지로 들어서자 기지 사람들은 놀란다. 1년 5개월 전 남극으로 떠났다가 실종됐다는 이야기만 들은 주인공이 돌아왔기 때문이다.

그러나 여기서 엘리펀트 섬에 남겨둔 22명의 대원을 구하러 가는 구조작업이 번번이 실패했다. 섀클턴 일행이 구조선을 빌려서 엘리펀트 섬을 향해 출발했으나 세 번이나 실패한다. 모두 남극의 얼음을 뚫고 나가지 못했다.

가슴이 타들어 가는 섀클턴은 영국 정부에 튼튼한 구조선을 보내 달라고 요구했다. 마침내 스콧이 1901년 남극으로 타고 간 디스커버리 호가 영국을 떠난다. 섀클턴은 디스커버리 호가 사우스 조지아 섬에 도착하는 데 걸리는 2주를 기다리지 못했다. 가까운 칠레 정부에 간청해 원양 항해선 엘코 호를 빌려 엘리펀트 섬으로 향한다. 4번째 배로 악몽 같은 바닷길을 다시 거슬러 항해한 지 5일 만에 엘리펀트 섬에 도착해 22명의 대원을 모두 구조한다.

섀클턴은 아내에게 보내는 편지에 이렇게 적었다. "한 사람도 잃지 않았소."

긴말도 필요 없는 참 감동적인 편지다.

섀클턴과 함께했던 대원들은 그들이 엘리펀트 섬에서 구조된 1916년 8월 30일을 평생 생일로 기억했다고 한다.

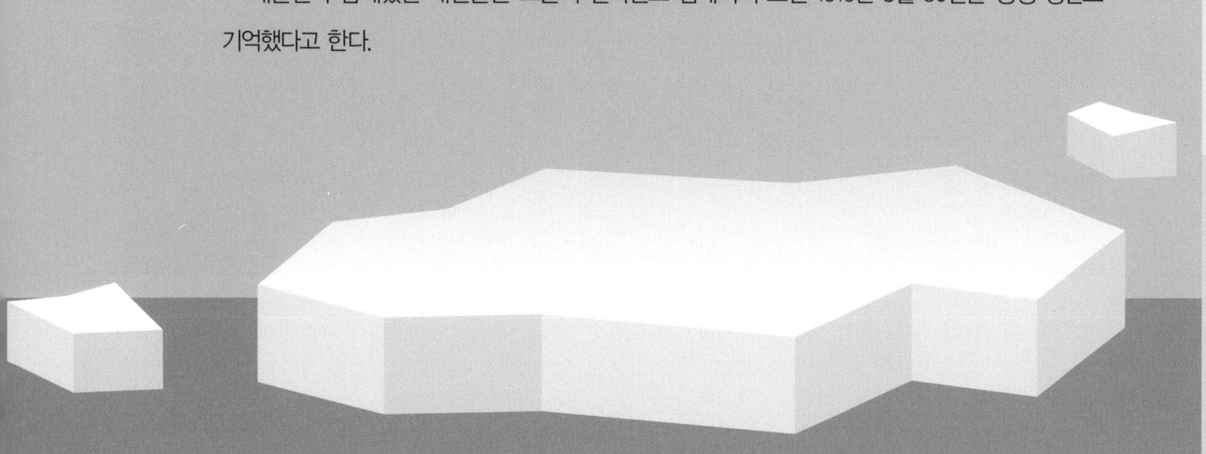

드레이크 해협에서 듣는 남극 강의

드레이크 해협을 건너는 사흘 동안 배에서는 남극에 관한 강의가 열렸다. 배에는 빙하학자, 조류학자, 지질학자 등 'ANTARCTICA ⅩⅩⅠ' 소속 학자 20여 명이 타고 있었다. 이들이 돌아가면서 남극에 관한 강의를 이어갔다.

가장 인상적인 학자는 웬디 헤어. 머리가 하얗게 센 70대 할머니였다. 뉴질랜드 출신 동물학자로 희귀동물을 연구하러 전 세계를 다녔다. 은퇴한 2013년부터 이 배를 타고 있다고 했다. 젊은 승객들은 뱃멀미를 했지만, 이 할머니는 항상 그윽한 미소로 여행자들을 편안하게 했다.

그녀의 남극에 대한 사랑은 남극 섬에 내린 뒤 드러났다. 깃발을 들고 다니며 펭귄과 물개가 있는 곳이면 깃발을 세우고 여행자들의 접근을 통제했다. 펭귄 가까이 접근해서 사진을 찍으려는 여행자들에게는 "물러나라"고 손짓을 했다.

빙하학자인 조나단 왈튼은 남극에서 11차례 여름과 두 차례 겨울을 보내며 빙하를 연구했다. 하얀 턱수염이 멋진 그도 60대 후반으로 보였다. 연구원에서 은퇴한 뒤 2013년부터 ANTARCTICA ⅩⅩⅠ 프로그램 진행요원이 됐다.

평생 하고 싶은 연구를 하다가 현역에서 은퇴한 뒤에도 의미 있는 일을 하는 이 배의 남극 프로그램 진행자들이 부러웠다. 배 입구에 붙여 놓은 그들의 이력을 보니 그들의 온화한 미소가 어디서 나오는지 알 수 있었다. 드레이크 해협에서 인생을 아름답게 마무리하는 노년들을 만날 수 있음은 큰 행복이었다.

여행자들이 고무보트로 섬에 상륙해 프로그램 진행자들의 설명을 듣고 있다.

여행자들이 상륙한 섬은 온통 자갈밭이다. 눈과 얼음을 만날 것으로
예상했던 여행자들은 실망했다. 이처럼 남극 여행은 의외의 연속이다.

잠을 자는 남극물개들에게 관광객들이 접근하지 못하도록 프로그램 진행자들이 지키고 있다.

남극 지하자원 얼마나 되나?

남극 대륙에 엄청난 지하자원이 매장돼 있다는 사실을 100여 년 전 남극 탐험 시대 때 알았다. 남극 대륙은 버려진 얼음 왕국이 아니라는 것을 가장 먼저 확인한 탐험가는 섀클턴이었다.

그가 이끄는 영국 남극탐험대(1907~1909년)는 1909년 12월 비어드 모어 빙하 주변 언덕에서 노출된 석탄 무더기를 발견했다.

'햇살이 빙하 주변을 따스하게 비추어 얼음을 녹였는데, 언덕에서 석탄이 발견되어 시간과 연료를 절약할 수 있게 해 주었다. 그들은 모두 원기를 회복했으며 그 특별한 혜택에 고마워했다.'[15]

탐험대는 이 석탄을 캐내서 타고 갔던 증기선 님로드 호 연료로 사용했다. 이러한 사실이 알려지면서 유럽은 남극 탐험에 더 많은 관심을 갖는다.

1970년대 들어 지질학자들은 남극 해안지역에 노출된 바위에서 철 성분을 함유한 지층을 확인했다. 항공기로 자력을 탐사한 결과 너비 5~10㎞짜리 광맥이 수백㎞에 걸쳐 있는 것으로 확인됐다.

남극의 지하자원 규모는 애초 남극 대륙과 맞물려 있었던 다른 대륙의 자원을 분석함으로써 가능하다. 원래 남극 대륙은 쥐라기 이전에 아프리카, 인도, 호주 대륙과 붙어 있었다. 이를 '곤드와나 거(巨) 대륙'이라고 한다.

현재 호주 서부 광산에서 금과 백금, 크롬, 니켈 등이 발굴되고 있는 사실로 미루어 볼 때 남극에서도 이러한 지하자원들이 분포할 가능성이 크다. 탐사 결과 남극 얼음 밑에는 약 2,000억 배럴의 석유와 가스가 있는 것으로 추정된다. 이 매장량은 세계 석유 매장량 6위인 쿠웨이트보다 더 많다.

다른 자원도 풍부하다. 얼음처럼 생겼지만 불을 붙이면 활활 타오르는 메탄 하이드레이트는 우리나라 연간 천연가스 소비량의 약 300배가 묻혀 있다고 한다.

물론 남극의 지하자원을 캐내어 활용하기에는 엄청난 비용과 기술이 필요하다. 하지만 미국이 혈암(shale)층에서 셰일(shale)가스를 뽑아내는 기술을 개발하는 것을 보면 시간문제다.

15) 『영웅들이여 말하라』 마이클H.로소브 지음, 김정수 옮김, 시아출판사 226쪽.

많은 지하자원을 품고 있는 남극 암석.

드레이크 해협을 항해한지 사흘째, 파도가 잦아지는 듯했다. 드레이크 해협을 지나 남극권에 들어온 것이다. 빙산이 나타났다는 안내방송이 나오자 배 안이 소란스러워지기 시작했다. 승객들은 사진을 찍기 위해 갑판으로 나갔다. 그러나 방한복과 장갑을 제대로 착용하지 않았던 승객들은 추위를 이기지 못하고 바로 되돌아왔다. 빙산에서 내뿜는 냉기는 온몸을 얼얼하게 만들었다. 이마를 스치는 머리카락은 피부를 찢는 듯 아프게 했고 눈은 벌겋게 충혈됐다. 바람이 얼마나 드센지 난간을 잡지 않으면 몸이 쓰러질 지경이었다. 바람에 입이 벌어져 호흡도 힘들었다. 문을 열면 배 구석구석까지 찬바람이 회오리치며 들어왔다.

100여 년 전 남극 탐험 시대에는 배 안이 얼마나 추웠을까. 그 시절에도 난로는 피웠겠지만, 항해는 추위와의 싸움이었을 것이다.

흰색과 옥색이 어우러진 거대한 빙산은 아름다웠다. 그래 저 빙산은 10분의 1만 물 위로 내놓고 있다지. 남극 대륙에 쌓인 눈이 얼고 녹기를 반복하면서 만든 거대한 빙하가 바다

오랫동안 깎여 나가면서 다양한 모양으로 변한 빙산.

아르헨티나 빙하 국립공원의 빙붕.

로 내려와 떠다니는 것이 빙산이다. 겉보기는 아름답지만, 저 얼음 속에는 수만 년 전 얼음부터 지난해 내린 눈까지 차곡차곡 쌓여 있을 것이다. 지구의 비밀을 머금은 타임캡슐이다.

빙하는 켜켜이 쌓인 남극의 역사지만 여행자의 눈에는 눈이 시리도록 아름다운 얼음산일 뿐이었다.

빙하, 빙붕, 빙산, 빙상, 부빙

우리가 잘 알고 있다고 생각하지만, 막상 구분하려면 헷갈리는 용어들이다.

빙하(氷河, glacier)는 육지에서 내린 눈이 오랜 세월 쌓여서 생긴 두꺼운 얼음덩어리가 지형과 중력에 따라 낮은 쪽으로 흘러가는 것이다. 그래서 흐른다는 뜻의 한자 하(河)자를 붙였다. 내륙에서 생긴 빙하는 결국 호수나 바다로 흐른다. 사람들은 빙하가 자란다고 이야기하지만, 실제는 축적된 얼음이 무게를 이기지 못하고 하류로 퍼지는 현상이다.

빙붕(氷棚, ice shelf)은 빙하가 흐르다 해안에 이르러 육지에 뿌리를 둔 채 바다 쪽으로 돌출한 모습이 시렁과 같다고 '시렁 붕(棚)'자를 붙였다. 빙붕의 끝자락은 거대한 절벽 같다. 남극에서 가장 큰 빙붕은 로스 빙붕으로 프랑스 국토 면적과 비슷하다.

빙산(氷山, iceberg)은 빙붕이 바닷물의 부력과 조수 차에 의해 부서져 바다 위를 떠다니는 것이다. 산처럼 끝이 뾰쪽하다. 얼음의 비중은 약 0.91이고 바닷물의 비중은 1.025여서 물에 뜬다. 빙산은 전체의 10%만 물 위로 보인다.

빙상(氷床, ice sheet)은 남극 대륙을 덮고 있는 거대한 얼음덩어리다. 두께가 2,000m를 넘는 것도 있다. 남극 대륙은 빙상 무게로 인해 지구 중심 쪽으로 가라앉아 있다. 남극 대륙의 평균 높이는 해발 2,300m. 이는 빙상 두께를 포함한 것이다.

부빙(浮氷, pack ice)은 바닷물이 얼어붙어 생긴 얼음 덩어리가 바다 위를 떠다니는 것이다. 육지의 얼음이 빙하를 이룬 뒤 바다로 떠내려온 빙산과 다르다.

오션노바 호가 빙하 가까이 접근하고 있다. 빙하와 충돌할까
봐 가슴 졸이고 시간이다.

처음 만난 빙산 앞에서 모두 사진 찍느라 야단법석이었지만 시간이 흐를수록 시들해졌다. 크고 작은 빙산들이 끝없이 나타났기 때문이다. 빙산은 남극에 다가서고 있다는 사실을 알려 주었다.

멀리 남극 섬들이 보이기 시작했다. 사우스 셰틀랜드 제도였다. 남극 대륙에서 북쪽으로 뻗은 남극반도 북쪽에 섬들이 옹기종기 모여 있는 곳이다. 1819년 물개잡이 어부 윌리엄 스미스가 발견한 뒤 물개와 고래잡이배들의 전진기지로 바뀌었다. 남극 탐험이 본격화되면서 세계 각국의 연구기지들이 자리잡기 시작했다.

우리나라도 사우스 셰틀랜드 제도에서 가장 큰 킹 조지 섬에 1988년 2월 세종기지를 준공했다. 우리 일행을 태운 고무보트가 상륙지점인 러시아 벨링스하우젠 기지 앞 해변으로 갈 때 멀리 보였다.

오션노바 호에서 빙산을 보고 있는 여행자들. 빙하에서 내뿜는 냉기가 너무 차가워 갑판에서는 오랫동안 빙하를 볼 수 없다.

남극은 누가 발견했나

남극권에 처음으로 진입해 새가 나는 것을 보고 남극 대륙이 있음을 추정한 사람은 영국인 제임스 쿡(James Cook, 1728~1779) 선장이다. 쿡은 1773년 1월 17일 남극권을 처음으로 넘어 항해했다.

영국 해군 중령이었던 쿡이 영국 해군본부로부터 "남극점 가까이 접근하라"는 명령을 받고 1772년 7월 13일 영국을 출발한 지 약 6개월 만이었다. 그는 빙하 사이를 항해하면서 새가 날아다니는 것을 보고 육지가 가깝다고 확신했다. 훗날 그의 항적을 확인해 보니 남극 대륙 프린스 올리브 해안 144㎞까지 다가갔었다.

남극 대륙 발견은 러시아와 영국, 미국이 비슷한 시기에 이뤄냈다.

러시아는 해군 장교였던 파비안 고틀리프 폰 벨링스하우젠(1778~1852)이 1820년 1월 남극 표트르 섬, 알렉산더 1세 섬 등을 발견했다고 주장한다. 벨링스하우젠은 1819년 러시아 제국 알렉산드르 1세 황제의 명령에 따라 보스토크 호(길이 39m, 승선 인원 117명)와 미르니 호(길이 36m, 72명) 등 2척을 이끌고 지구 남쪽 끝까지 갔었다.

영국은 물범잡이 돛배 윌리엄스 호 선원인 윌리엄 스미스와 영국 해군 소속 에드워드 브랜스필드가 1820년 1월 30일 현재 남극 반도 앞바다를 항해하다가 킹 조지 섬 등을 발견했다고 한다. 그 후 영국은 남극반도 앞바다를 브랜스필드 해협으로 이름 지었다.

미국은 포경선 선장 파머가 1820년 11월 히어로 호 등 5척의 배를 이끌고 남극반도를 발견했다고 주장한다.

남극에 처음 상륙한 사람은 미국의 물개잡이 배 세실리아 호 선장 존 데이비스로 1821년 2월 7일 남극반도에 1시간쯤 상륙했었다고 한다.

유럽 나라들이 남극 탐험에 앞다투어 나설 수 있었던 배경에는 산업혁명이 있었다. 산업혁명으로 발명한 증기기관을 배에 달면서 원양항해가 가능했기 때문이다. 물론 범선으로도 세계일주를 할 수 있지만 극한의 바다를 항해하기에는 증기엔진이 달린 배가 필수 조건이었다.

여기에다 식민지를 넓히려고 혈안이 된 유럽 나라들이 국력을 총동원해 탐험에 나선 것도 남극 발견의 계기였다. 따라서 남극 탐험은 나라별 정부와 왕실, 해군 차원에서 이뤄졌다.

산업혁명의 본고장이었던 영국이 강력한 해양력을 바탕으로 남극 탐험의 선두에 섰고 러시아, 노르웨이 등이 뒤를 이었다.

얼음 세상에서 태평스레 사는 해양동물

아침을 먹은 뒤 상륙 준비를 하라는 방송이 나오자 배 안은 바빠졌다. 방수 바지와 상의로 무장한 뒤 구명조끼를 착용했다. 배에서 나눠주는 장화를 신었다. 장화는 남극 오염을 예방하기 위해 소독한 것이었다. 첫 상륙지점은 사우스 셰틀랜드 제도 그린위치 섬 양키 하버(Yankee Harbour). 고무보트를 타고 상륙한 양키 하버 해안은 길이 1㎞쯤 되는 자갈밭이었다.

인천공항을 출발한 지 6일 만이다. 눈과 얼음을 실컷 밟은 것이란 예상은 빗나갔다. 일반 여행자들을 위해 가장 안전하고 따뜻한 곳을 고른 것 같았다. 양키 하버 바로 뒤에는 눈이 시리도록 하얀 빙하와 부빙이 보였다.

양키 하버 해안에 고무보트로 상륙하는 남극 관광객들

양키 하버 해안에는 남극의 터줏대감들인 물개와 바다표범들이 해바라기를 하고 있다. 관광객들을 쳐다보지도 않는다. 그들은 남극의 평화에 길들여 있었다.

남극 평화에 길든 젠투펭귄들은 관광객들이 가까이 가도 달아나지 않는다.

젠투펭귄 집단 서식지 표지판. 빨간 깃발은 접근 금지를 알
린다.

펭귄 서식지에는 닭똥냄새 같은 악취가 코를 찌른다.

방수 바지를 입은 채 장화를 신고 자갈밭을 걸으려니 펭귄처럼 뒤뚱거렸다. 빙하에서 불어오는 바람은 차가웠지만 해안은 평화로웠다. 바다코끼리, 바다표범, 물개들이 해바라기를 하고 있었다. 이끼 한 뿌리까지 신비한 남극에서 살아 움직이는 해양동물들은 경이로웠다.

그들은 사람이 접근해도 그대로 누워 있었다. 남극을 처음 만난 관광객들은 두리번거렸지만 남극 야생동물들은 "너 왔냐"는 식이었다. 그들은 남극의 주인다웠다. 지구를 지배하는 인간은 두려움과 설렘으로 주눅이 들었지만 남극의 야생세계는 평화로웠다.

그러나 200여 년 전 남극 야생동물들에게는 지옥이었다. 가죽과 고기를 노리는 인간들의 총질 앞에 쓰러져 갔다.

제정 러시아 탐험가 벨링스하우젠이 남극 대륙을 발견한 1821년 남극권 바다는 바다표범 사냥터로 바뀌어 있었다. 유럽과 미국인들이 몰려와 바다표범을 마구 잡았다.

벨링스하우젠 탐험대가 러시아로 돌아가기 위해 사우스 셰틀랜드 제도로 가는 길에 1821년 2월 5일 미국과 영국의 바다표범 사냥선 8척과 마주친다. 여기서 미국인 바다표범 사냥꾼 너새니얼 파머(1799~1877)를 만난다. 벨링스하우젠은 파머가 미국 배 3척을 이끌고 4개월 동안 바다표범 사냥을 했다고 말한 것을 기록한다. 화산섬인 디셉션 섬은 바다표범잡이 배들의 피난처였다.

당시 사냥꾼들은 바다표범을 더 많이 잡기 위해 피를 흘리며 서로 싸웠다. 학살된 바다표범 사체들이 해변에서 썩어갔다고 한다.

그 처참한 모습을 1829년 챈티클리어 호의 의사였던 윌리엄 웹스터는 이렇게 기록했다.

> 사우스 셰틀랜드 제도의 섬들에는 예전에 바다표범이 헤아릴 수 없이 많았다. 그러나 그 섬들 중 몇 개는 바다표범 사냥꾼들에게 유린되어 이제 바다표범을 찾아볼 수 없게 되었다. 디셉션 섬 안쪽의 해변은 이 동물들이 인간에게 발견되어 박해받기 전까지 그들에게 쾌적한 안식처였음이 분명하다. 하지만 그 무리는 섬에서 자취를 감추었으며, 우리가 머무는 동안에도 무리를 이탈한 외톨이 물개 한 마리 보이지 않았다.[16]

16) 앞의 책, 35쪽.

오랫동안 상위포식자가 없어 태평스레 살았던 바다표범은 쉬운 표적이었다.

남극 해안가 부빙 위에서 평화로이 해바라기를 하다가 인간의 총질에 죽어갔다. 동그란 맑은 눈망울을 가진 바다표범들은 그렇게 사라져 갔다.

야생동물 보호에 대한 개념이 전혀 없던 그 시절, 어떠한 통제도 감시도 없던 그 바다에서 인간들은 끝없는 욕망을 뿜어냈다.

바다표범 보호 움직임이 일어난 것은 불과 30여 년 전. 그린피스와 국제동물복지기금(IFAW)이 바다표범 사냥 반대 캠페인을 벌이면서부터다. 2010년 유럽연합은 바다표범 고기와 가죽 제품 수입을 전면 금지했다. 다 잡고 더 잡을 것이 없어진 뒤에 내려진 뒷북 조치였다.

관광객들이 양키 하버 해안을 둘러보는 동안 멀리서 대기하고 있는 오션노바 호.

첫 남극점 정복은 개 썰매와 설상차의 대결

노르웨이 아문센 탐험대가 남극점에 첫발을 디딘 것이 1911년 12월 14일 오후 3시. 약 한 달 뒤인 1912년 1월 16일 영국의 스콧 탐험대가 도착한다.

아문센이 스콧을 이긴 원인에 대한 분석은 다양하다. 여러 분석 가운데 아문센의 개 썰매가 스콧의 설상차를 이겼다는 의견은 흥미롭다.

현재 기술이라면 설상차가 개 썰매를 이길 수 있었다. 따라서 남극점 첫 정복은 스콧에게 돌아갔을지도 모른다. 그러나 두 사람이 탐험하던 1911~12년은 달랐다.

당시 동력 썰매는 산업혁명의 상징인 내연기관을 장착한 최첨단 과학이었다. 스콧은 그 동력 썰매를 탔고, 아문센은 개 썰매를 몰았다. 아문센은 자연을 정복하는 데 자연을 이용했고, 스콧은 첨단과학을 활용했다. 결론은 자연이 첨단과학을 이겼다.

스콧이 가져간 동력 썰매는 남극의 극한 자연에 적응하지 못해 고장이 잦았다. 1911년 기술 수준으로는 그럴 수밖에 없었다.

또 스콧은 짐을 나르기 위해 조랑말을 데려간 것도 부담이었다. 조랑말 한 마리는 하루 800㎏을 끌지만 개는 50㎏밖에 끌지 못한다는 사실에 조랑말이 유리하다고 판단했었다.

하지만 말은 개보다 단점이 더 많았다. 말은 개보다 추위에 약했다. 초원을 달리는 말들이 얼음 벌판에서는 위축될 수밖에 없었다. 개는 땀을 흘리지 않지만, 말은 땀을 흘린다. 땀은 동상의 원인이다. 털이 많은 개는 추위를 잘 견디지만 말은 체온 보호를 위해 담요를 씌워줘야 한다.

크레바스에 빠져도 무게가 200kg이 넘는 말은 꺼내기가 힘들지만, 2~30kg의 개는 쉽게 꺼낼 수 있었다. 먹이도 개는 잡식이라 탐험대원들의 음식 찌꺼기를 활용할 수 있지만, 말은 건초를 따로 준비해야 한다. 결국 스콧의 말은 얼거나 크레바스에 빠져 죽어갔다.

두 사람이 이러한 운송수단을 각각 선택한 배경에는 성장환경과 관련이 있었다. 아문센은 대를 이은 선주(船主) 집안이었다. 험한 바다를 항해하기 위해 자연을 활용하는 능력을 일찍 배웠다. 스콧은 영국 해군에서 근무하면서 군함과 무기, 즉 과학을 이용해 바다를 정복하는 방법에 길들여 있었다.

킹 조지 섬 해안에 걸쳐 있는 탐험선, 부두가 없는 남극 해안에 배를 대기 쉽도록 배 앞 바닥을 경사지게 만들었다.

관광객들은 배에서 교육받은 대로 바다표범 근처 15m 안에는 접근하지 않은 탓인지 바다표범은 별 반응이 없었다. 자갈밭을 걷는 사람들의 소리를 들은 바다표범은 쳐다본 뒤 다시 누웠다. '푸우' 하는 숨소리만 들렸다.

현재 남극에서 상업적인 바다표범 사냥은 사라졌다. 연구목적의 사냥만 부분적으로 허용돼 있을 뿐이다. 그래서 바다표범들은 사람을 두려워하지 않는다.

배에서 교육받을 때 바다표범은 앞 지느러미와 몸통을 좌우로 흔들며 달린다고 했다. 사람보다 빨라 공격을 받으면 위험하다. 그러나 그들을 놀라게 하지 않는 한 걱정은 필요 없었다.

부모 자격을 생각하게 하는 펭귄 가족들

일반 여행자로 남극을 가면 여러 종류의 펭귄들은 실컷 볼 수 있다. 양계장 냄새나는 펭귄 서식지만 둘러보고 온다면 실망한다. 하지만 혹독한 남극 추위 속에서 펭귄들이 가족 사랑과 협동심으로 생명을 이어가는 방법들을 알고 나면 감동하는 여행이 된다.

양키 하버 자갈밭 해안을 따라 붉은색 부리를 가진 젠투펭귄들이 돌아다닌다. 두 날개를 뒤로 제친 잰걸음으로 바쁘게 가는 놈을 보면 조선 시대 양반 같다. 녀석은 주변에 사람들이 와도 쳐다보지 않는다. 아마 새끼에게 줄 먹이를 구하러 바다로 가는 길이겠지. 녀석들은 목적달성을 위해 한눈팔지 않는다. 많은 관광객이 자신들을 신기한 눈으로 쳐다보는 것에 익숙했다. 처음 남극 땅에 발을 디딘 관광객들이 기웃거리는 모습을 즐기는 것 같다.

세종과학기지에서 3㎞쯤 떨어진 171번째 남극 특별 보호구역인 펭귄 마을에서는 해마다 1,500~2,000여 마리의 펭귄이 태어난다. 이곳에 들어가려면 우리나라 극지연구소를 통해 환경부의 방문 허가를 받아야 한다. 이 규칙은 엄격하다. 사전 허가를 받지 않은 한국 국회의원들이 방문했을 때도 상륙하지 못한 채 보트만 타고 펭귄 마을을 둘러볼 수밖에 없었다고 한다.

1시간쯤 걸어서 도달한 젠투 펭귄 집단서식지에는 수천 마리가 있었다. 해안 자갈밭에 빼곡히 자리 잡고 울어대는 소리에 귀가 먹먹했다. 젠투펭귄의 붉은 부리가 하얀 세상에서 돋보였다. 그러나 엄청나게 쌓인 펭귄 배설물에서 나는 악취는 참기 어려웠다.

젠투펭귄들은 자갈밭에 집을 짓고 산다. 작은 돌을 물어다가 동그랗게 도넛처럼 쌓는다. 높이 쌓지도 않는다. 알이 굴러가지 않을 정도의 높이만 쌓는다. 이틀 만에 준공한다.

양키 하버 해안에서 젠투펭귄 한 마리가 잰걸음으로 바쁘게 걸어간다.

양키 하버 해안의 젠투펭귄 서식지. 수천 마리의 울음소리는 귀를 먹먹하게 했다.

하지만 펭귄과에서 가장 큰 황제펭귄은 둥우리를 전혀 쌓지 않는다. 그 녀석들은 영하 40도까지 내려가는 추위를 꿋꿋이 서서 이겨낸다. 눈밭 위에서 새끼 한 마리만 기른다. '황제'라는 이름을 붙일 만하다.

남극의 긴 밤이 시작되는 5월에 암컷이 알을 낳으면, 수컷은 바로 알을 받아 품는다. 수컷은 두 발 위에 알을 놓고 포란반(抱卵斑, incubation patch)으로 두 달 동안 알을 껴안아 부화시킨다.

집 장만하는 나이가 평균 41세라는 한국 사람들의 처지가 생각났다. 하고 싶은 일, 먹고 싶은 음식 참으며 보금자리를 만드는데 인생의 절반을 써 버리는 게 우리다. 삶을 유지하는데 필요한 최소한만 취하는 펭귄이 부럽다.

한국의 광주시 남구 향림동에 가면 '펭귄 마을'이라 불리는 동네가 있다. 가난하지만 만족하는 어르신들이 모여 사는 달동네를 정크아트(Junk Art)[17]로 가꾼 곳이다.

광주 펭귄 마을 입구에는 '유행 따라 살지 말고 형편 따라 살자'라는 액자가 걸려 있다.

젠투펭귄들은 이 돌 위에서 알을 품고 새끼를 부화한다.

17) 폐품과 잡동사니를 뜻하는 'Junk'와 예술 'Art'의 합성어. 폐품으로 만든 조형예술. 대량생산, 과소비, 환경파괴에 대한 비판을 담고 있는 예술장르.

어미 사타구니에 머리를 처박고 있는 젠투펭귄 새끼. 회색 솜뭉치처럼 보인다.

영화 수십도 속에서 태어난 펭귄 새끼들을 보면 생명에 대한 경외심을 갖지 않을 수 없다.

남극의 펭귄 마을을 둘러본 뒤 광주 펭귄 마을 이름을 참 잘 지었다는 생각이 들었다. 분수껏 자족하며 사는 마을 주민들이 펭귄들을 닮았기 때문이다.

젠투펭귄은 온순하다. 공격해 오는 턱끈펭귄들에게 밀려나 서식지를 빼앗기는 일도 있다.

젠투펭귄은 짝짓기해서 보통 2개의 알을 낳으면 암컷과 수컷이 서로 번갈아 가면서 알을 품는다. 부화해서 새끼가 태어나면 3주까지는 엄마와 아빠가 돌아가면서 기른다. 참으로 암수가 공평하다.

젠투펭귄 새끼들이 어미 사타구니 사이에 머리를 처박고 있어 처음에는 눈에 잘 띄지 않았다. 자세히 보니 어미 사타구니 사이에 있는 솟아 있는 회색 솜뭉치가 보였다. 이 솜뭉치가 꿈틀거리는 것을 보고 새끼인 줄 알았다.

펭귄 새끼들이 머리를 처박고 있는 곳은 어미의 포란반이다. 포란반은 사타구니에서 몸속으로 오목하게 들어간 주머니다. 40도에 달하는 체온을 그대로 전달할 수 있도록 솜털이 없다. 지방도 없는 맨살이다. 모세혈관이 모여 있어 온도가 높다. 펭귄들은 포란반에서 알을 부화하고 새끼를 기른다.

남극에서 영하 40도까지 내려가도 펭귄의 포란반 온도는 영상 40도다. 어른 펭귄들은 온몸에 따뜻한 피를 수없이 많이 돌려 무려 80도 온도 차를 유지한다. 새끼를 잘 기르려는 신비한 대사과정이다.

우리 주변에 사는 일반적인 조류 암컷도 번식기가 되면 배 깃털이 다 빠지고 살만 휑하니 남는다. 조류들의 일반적인 포란반이다. 조류들은 이 포란반에 알과 새끼를 품어 생명을 이어간다.

모든 동물의 새끼가 앙증맞지만 어미 사타구니 사이에서 꿈틀거리는 새끼 펭귄은 생명의 경이로움, 그 자체다. 참혹한 추위 속에서 잉태한 생명이라서 더 그렇다.

나는 펭귄 몸에 포란반이 만들어진 과정을 진화론적 관점에서 상상해 봤다.

애초 펭귄의 포란반도 다른 조류처럼 털 없는 피부였을 것이다. 알과 새끼를 그 포란반으로 더 깊이 감싸려다 보니 피부 속으로 오목하게 들어간 주머니로 바뀌어 갔다고 생각한다. 남극의 추위를 피해 더 깊게, 더 가까이 알과 새끼를 감싸 안으려는 본능적 몸부림이 지금

새끼를 보살피는 턱끈펭귄들.

의 펭귄 포란반을 만들었다. 어미의 지극한 자식 사랑이 펭귄 DNA 정보까지 바뀌게 했다.

혹독한 추위 속에서 생명을 키워내는 위대한 펭귄이다.

젠투 펭귄들은 새끼들에게 먹이를 줄 때 부모를 따라 달리기를 잘하는 놈부터 준다. 결코 칭얼댄다고 먹이를 주지 않는다. 새끼들의 다리 근육을 키워 천적들이 공격해 올 때 헤엄쳐서 달아나도록 하기 위함이다. 험악한 기후 속에서 홀로서기를 해야 하는 새끼들을 강하게 조련하는 펭귄 부모들이다.

새끼 먹이는 어미가 위벽에 완전히 소화하지 않은 채 남겨둔 것을 토해낸 것이다. '펭귄밀크'다. 펭귄 위가 어떻게 생겼기에 반쯤 소화된 먹이를 저장할 수 있고 토해낼 수 있는가?

펭귄들이 남극에서 먹이를 항상 구할 수 있는 게 아니다. 땅에는 식물이 자라지 않으니 먹을 게 없고, 바닷물 속에 사는 크릴이나 어린 물고기를 찾아야 한다. 이것도 남극 바다가 꽁꽁 얼면 구할 수 없다. 그러한 기후환경에 적응하려는 생존방법이 펭귄밀크다. 남극에서 먹이를 따뜻하게 보관할 곳이 어미 몸 아니고 어디 있겠는가. 이를 터득한 펭귄들이 그렇게 펭귄밀크를 만들어 간 것이다. 다른 포유류처럼 젖꼭지를 물려서 젖을 줄 수 없는 추운 날씨에 적응하기 위해서였다.

새끼가 한 달쯤 되면 집단으로 모여 유치원 생활을 한다. 솜털이 보송보송한 한 달짜리 녀석부터 몇 달이 지난 큰 녀석들까지 다양하다. 몇 달 지난 새끼들은 회색 솜털이 빠져 검은색 깃털로 변한다. 이 무렵에는 새끼를 어미와 구분하기가 쉽지 않다. 꼬리 깃털로 구분한다. 새끼는 꼬리 깃털이 다 자라지 못해 어미보다 짧다.

또래들끼리 모여서 경사진 눈밭에서 미끄럼을 타고 논다. 먹이를 구하러 가지 않는 어른 펭귄 몇 마리가 유치원 선생님처럼 지킨다. 천적의 공격으로부터 새끼를 지키기 위해서다.

어미들은 내 자식, 남의 자식 구분하지 않고 보호한다. 공동육아 시스템이다.

펭귄 유치원을 지켜보는 동안 새끼 펭귄을 채가려는 도둑갈매기와 큰풀마갈매기들이 날아다녔다. 도둑갈매기는 다른 새들이 사냥한 먹이를 공중에서 빼앗는 난폭한 놈이다. 큰풀마갈매기는 죽은 어린 물범의 몸에 구멍을 뚫고 살을 파먹을 정도로 포악하다.

어떤 놈은 펭귄 유치원 근처를 빙빙 걸어 다니며 기회를 노렸다. 이들이 가까이 오면 어미 펭귄들이 소리를 치며 날개를 퍼덕여서 내쫓았다. 펭귄 부모들은 자기 목숨을 내놓고 날

"엄마 닮았어요" 몇 달 자란 턱끈펭귄 새끼. 회색 털이 보송보송 하지만 크기는 어미 만하다.

카로운 부리로 사냥꾼들을 공격해댄다. 놀란 어린 펭귄들은 이런 저리 몰려다녔다.

하지만 굶주린 사냥꾼들은 혼란을 이용해 무리에서 이탈한 새끼 펭귄을 순식간에 채갔다. 펭귄과 부화 시기가 비슷한 갈매기들이 자기 새끼를 키우기 위해 펭귄 사냥에 나서는 것이다.

펭귄 분변은 칼집부리물떼새가 먹는다. 남극은 먹이사슬이 유지되면서 자연 순환의 원리가 잘 지켜지고 있는 생태계였다. 그렇다. 인간이 침범하지 않는 원시 자연은 잘 보존되고 있었다.

펭귄 마을 근처 바닷가에는 해표와 물개들이 많다. 먹이를 찾아 바다로 뛰어드는 어린 펭귄들을 잡아 만찬을 즐기려는 무리다. "컹컹" 개 울음소리를 내는 물개는 다리가 변한 네 지느러미를 이용해 재빨리 긴다. 이들은 몇 마리씩 떼를 지어 휴식을 취하다가 새끼 펭귄들이 나타나면 순식간에 잡아먹는다. 어미들은 어린 펭귄들이 함부로 바다에 뛰어들지 못하도록 말린다.

뉴스에 등장하는 부모 자격 없는 사람들이 떠오른다. 아이들 밥 굶기고, 때리는 사건의 주인공들. 펭귄 유치원은 아동학대가 빈발하는 사람 세상에서 온 여행자들을 부끄럽게 한다.

일행 가운데 자신이 속한 단체 깃발을 펼쳐놓고 사진을 찍는 사람도 보인다. 그들은 돌아가서 설명할 것이다. 펭귄보다 못한 인간들이 많다고.

점심을 먹기 위해 고무보트를 타고 다시 배로 돌아왔다. 배에 오르면서 장화를 소독약 통에 담가 씻어낸 다음 선실로 향했다. 오랜만에 걸어서인지 밥맛이 있었다. 식사하는 동안 배는 조금 이동해 하프문 아이스랜드(Halfmoon Island) 앞에 정박했다. 다시 고무보트를 타고 상륙했다.

이번에는 턱끈펭귄 서식지였다. 턱밑에 검은 줄이 있는 턱끈펭귄은 공격적이었다. 사람이 다가가면 부리를 하늘로 올리며 소리를 질렀다. 온순했던 젠투펭귄들과 비교하면 턱끈펭귄 마을은 시끄러웠다. 젠투펭귄보다 활동적이었다.

갈매기가 접근하자 새끼 펭귄들이 긴장하고 있다.

여행자들이 펭귄마을을 배경으로 자기들이 소속된 단체의
깃발을 들고 사진을 찍고 있다.

젠투펭귄 한 마리가 낮잠을 자는 물개 옆을 지나가고 있다.

털끈펭귄들은 돌이 많은 높은 곳에 집단서식지를 꾸린다.

펭귄 고속도로. 펭귄들이 걸어 다니며 눈을 다진 길이 반질반질하다.

펭귄들은 함부로 돌아다니는 게 아니다. 다니는 길이 있다. 눈밭 사이로 난 그 길을 '펭귄 고속도로'라 부른다. 이 고속도로는 펭귄들이 하도 많이 다녀 반질반질했다.

영하 40도를 춤추며 견디는 황제펭귄

펭귄은 18세기 무렵 남극 주변 바다가 사냥터로 변했을 때 물개잡이 선원들이 처음으로 발견했다고 한다.

그 후 남극에는 6종류의 펭귄이 사는 것이 확인되었다. 황제펭귄, 킹펭귄, 마카로니펭귄, 아델리펭귄, 젠투펭귄, 턱끈펭귄이다.

황제펭귄은 남극 대륙에서도 가장 추운 곳에서 살고, 젠투펭귄은 온화한 남극 반도가 고향이다.

황제펭귄과 킹펭귄은 한 개의 알을 낳아 부화시킨다. 마카로니펭귄은 두 개의 알을 낳아 첫 번째 알은 버린다. 아델리펭귄, 젠투펭귄, 턱끈펭귄은 두 개의 알을 모두 품는다. 왜 그럴까. 아마도 서식지 기후가 혹독할수록 한 마리만 기르고 따뜻한 곳에 사는 펭귄들은 두 마리씩 기르는 게 아닐까.

먹고 살기 힘들면 자식을 한 명밖에 기르지 못하는 사람들처럼, 펭귄도 혹독한 기후환경에 적응해가며 가정을 꾸리고 있었다. 킹펭귄은 펭귄 중에서 가장 오랫동안 가족들과 함께 산다. 새끼를 기르는 15개월을 함께 산다.

남극 여행을 생각하면 사람들은 황제펭귄부터 떠올린다. MBC의 환경 다큐멘터리 '남극의 눈물' 때문이다. 2012년 여름에 6부작으로 방영된 이 프로그램은 높은 시청률을 기록한 대작이었다.

하지만 일반 여행자들은 황제펭귄을 만날 수 없다.

황제펭귄의 집단 서식지는 남극 대륙 50여 곳. 빙산과 얼음 절벽으로 둘러싸인 대륙의 깊은 곳이어서 일반적인 남극 여행코스로는 접근하기 어렵다.

하지만 여행 과정에서 만난 다른 펭귄들을 통해 황제펭귄의 생태계를 들여다볼 수 있다.

황제펭귄은 키가 110~130㎝, 몸무게가 22~45㎏쯤으로 펭귄 종류 가운데 가장 크다. 남극 대륙의 주인답게 멋지다.

남극의 겨울 온도는 영하 40~50도, 시속 160㎞의 거센 바람이 불면 체감온도는 더 내려간다. 이 추위를 황제펭귄들은 배려와 협동심의 절정인 '무리 춤(群舞)'을 추며 이겨낸다. 아무도 가르쳐 주지 않았지만 그들은 춤이 추위를 이기는 방법임을 찾아냈다.

기온이 내려가면 황제펭귄들은 서식지 가운데로 수만 마리가 모여든다. 면적 1㎡ 안에 10마리가 서로 밀착하며 빽빽하게 모인다. 조금이라도 가까이 붙어 수만 마리가 한 덩어리가 되면 가운데 온도는 바깥쪽보다 10도쯤 높아진다. 콩나물을 집에서 길러본 사람은 안다. 시루 가운데 콩나물은 열이 후끈 나는 것을.

시루 속 콩나물처럼 선 그들은 바깥쪽 친구의 체온이 낮아지면 안쪽의 펭귄이 자리를 바꿔준다. 안쪽과 바깥쪽 펭귄들이 서로 자리를 바꿔주는 자연스러운 움직임이 인간들의 눈에는 아름다운 춤으로 보인다. 가운데 녀석은 몸이 녹았는데 바깥으로 나가지 않겠다고 버티지 않는다. 그들은 서로 자리를 바꿔주지 않으면 모두가 죽는 줄 안다. 배려하고 협동하면서 공평하게 추위를 이겨내는 생존법을 수만 년 동안 살아오면서 자연스레 터득한 것이다. 사람들은 이를 '펭귄의 허들링(Huddling)'이라 이름 붙였다.

아시아 최초로 황제펭귄 촬영에 성공한 MBC '남극의 눈물' 제작팀 김진만 PD는,

"황제펭귄이 알을 막 깨고 나왔을 때의 얼굴의 추위를 이기려고 본능적으로 무리 지어 몸을 밀착하는 허들링을 잊을 수 없다"고 말했다.[18)]

현장을 지켜본 김 PD의 말로 미루어 황제펭귄들은 참혹한 남극의 추위를 맞닥뜨리면서 무리 춤을 본능적으로 터득해 간 것으로 보인다.

그러나 새끼들은 서툴다. 부모 펭귄이 보여주는 아름다운 군무와도 같은 허들링을 새끼 펭귄한테서 기대할 수 없다. 새끼 펭귄들의 허들링 영상을 보면 둥글게 모여들지만 엉망이다. 본능과 욕망대로 마구 끼어들면서 대열은 북새통이 되기 일쑤다. 새끼들은 대열이 흐트러지면 더 춥다는 것을 체험한다. 양보와 배려는 영하 40도를 녹인다. 황제펭귄의 허들링은 그것을 가르친다.

부화를 위해 알을 품고 있을 때도 허들링을 한다. 알을 떨어뜨리지 않도록 애를 쓰며 군

18) 주간동아 2012년 2월 6일자, 제823호.

관광객 곁을 젠투펭귄들이 아장아장 걷고 있다.

무를 펼친다. 생명에 대한 소중함을 일깨워 주는 숭고한 동작이다. 알을 품은 수컷은 64일 동안 서 있는 자세로 굶으며 버틴다. 그동안 암컷은 먹이를 찾기 위해 바다로 나간다. 수컷은 그 기간에 체중의 40%가 줄어들 정도로 체력소모가 심하다.

암컷이 돌아올 때면 수컷은 영양실조 상태다. 털이 보송보송 자란 새끼를 암컷에게 인계한 수컷은 그제야 자기 몸을 추스를 먹이를 구하려 바다로 떠난다. 새끼의 독립생활이 가능할 때 부모 펭귄들은 미련 없이 헤어져 각자 길을 떠난다.

영하 40도 눈밭을 디디고 사는 펭귄의 발은 왜 얼지 않는가.

펭귄의 발은 섬세한 모세혈관 다발로 이뤄져 있다. 그 혈관으로 따뜻한 피가 흐르며 얼지 않도록 해준다. 몸의 털도 밀도가 높아 열 손실을 막고 방수가 된다.

황세펭귄은 극악한 자연환경을 견디며 새로운 생명을 탄생시킨다. 지구상의 모든 생물이 그러하지만, 황제펭귄이 대를 잇는 과정은 장엄하다.

썰매 개가 사라진 이유

인류의 남극 탐험은 개가 없었으면 불가능했다. 항상 앞에서 썰매를 끌면서 크레바스의 위험을 알려줬다. 탐험대는 앞서 달리던 개들이 크레바스에 빠지면 구조한 뒤 크레바스를 피해 갔다. '남극 지뢰'인 크레바스를 개의 '살신성인(殺身成人)'으로 이겨냈다. 어찌 보면 남극점 첫 정복은 아문센이 아니라 아문센 썰매를 끌던 개였다.

남극 탐험대가 썰매 개를 처음 데리고 간 기록은 1899년에 나온다.

노르웨이 출신 카르스텐 보르크그레빙크(Carsten Borchgrevink, 1864~1934)가 남극 아드레 만에 도착했다. 그는 75마리의 허스키(썰매 개 일종)와 대원 11명이 해변에 작은 베이스캠프를 세우고 겨울을 보냈다.[19]

탐험 기간 개들은 자기들끼리 짝을 찾아 임신했다. 새끼는 대원들의 텐트 안에서 길렀다. 그리곤 새끼들이 크면 훈련을 시켜서 다시 썰매 개로 사용했다. 이러한 과정이 대자연 앞에서 고독했던 대원들에게는 큰 위안을 줬다.

'이 피조물을 친절한 눈으로 주의 깊게 보라. 우리가 전적으로 의존하고, 우리와 항상 함께 있는 이 피조물들, 그들도 그대에게 전적으로 의존하고 있다.'[20]

개와 사람이 서로 위로를 주고받았다.

썰매를 끌다가 쇠약해서 죽으면 대원들의 단백질 공급원도 됐다. 남극에서 개는 살아서나 죽어서나 인간을 위해 존재했다.

남극에서 활약한 썰매 개들은 대부분 북극 산이다. 북극 툰드라 지역에 사는 썰매 개들의 품종은 알래스칸 맬러뮤트, 시베리안 허스키, 노르웨이언 엘크하운드, 캐나디안 에스키모 독, 그린란드 독, 사모예드, 아이누, 피나쉬 라프훈트 등이다. 개는 영하 60도에서도 활동할 수 있지만, 땀구멍이 없어 더위는 못 견딘다.

주로 5~7마리의 개가 하니스(harness)[21] 를 목에 걸고 부채꼴로 썰매를 끄는 형태다. 큰 썰매는 7마리가, 작은 썰매는 5마리가 끌었다. 개의 숫자가 홀수인 것은 두 마리씩 나란히 서게

---

19) 『OF DOGS AND MEN-FIFTY YEARS IN ANTARCTIC』 KEVIN WALTON AND RICK ATKINSON, Images Publishing (Malvern) Ltd 2008, 26쪽.

20) 위의 책, 26쪽.

21) 썰매 개 목줄과 몸을 조이는 여러 끈이 연결된 굴레. 개들이 부딪치지 않고 잘 달릴 수 있다.

하고, 선두에 '대장 개'가 달리는 방식이었기 때문이다. 대장 개가 잘 훈련돼 있어야 속도가 빨랐다. 개 사료는 쇠고기를 말린 후 과일과 지방을 섞어 빵처럼 굳힌 페미컨을 가져갔다.

1910~1912년. 비슷한 시기에 남극 탐험에 나섰던 아문센과 스콧, 시라세 노부 등 탐험가 3명은 모두 개를 데리고 갔다.

아문센의 남극점 정복은 개를 잘 활용한 덕분이었다.

아문센이 남극 로스해 훼일스만 베이스캠프를 떠나 남극점을 향할 때는 썰매 개가 52마리였다. 그러나 귀환할 때는 11마리였다.

1911년 12월 14일 남극점을 떠나 1912년 1월 16일 기지로 돌아오는 89일 동안 41마리의 개가 죽었다. 개들이 하얀 눈밭을 달리는 장면은 낭만적으로 보일지 몰라도 개들에게는 죽음을 향한 질주였다.

탐험에 성공하고 살아 돌아온 개들은 환영을 받았다. 남극점을 정복한 아문센 일행은 1912년 3월 7일 썰매 개 39마리와 함께 호주 태즈마니아 섬 호바트항에 무사히 도착한다. 아문센이 남극에 도달한 뒤 돌아올 때까지 살아남은 개는 11마리였으나 오는 배 안에서 새끼를 더 낳은 것으로 보인다.

아문센은 2주쯤 호바트에 머물면서 남극 탐험을 준비하던 호주 탐험대장 더글러스 모슨을 만난다. 남극 탐험에 관한 생생한 정보를 전달해 주고 남극에서 살아남은 개 중 21마리를 선물했다.

그러나 이제 남극에서는 썰매 개를 볼 수 없다. 1991년 체결된 국제협약인 '환경보호에 관한 남극조약의정서'는 탐험대들의 썰매 개 사용을 금지했다. 개가 썰매를 끄는 것을 동물 학대로 해석했다. 이제 탐험대는 썰매 개 대신에 설상차를 탄다.

남극을 보존한다며 파괴하는 인간

킹 조지 섬 칠레 프레이 기지 앞 해안에는 녹슬어 가는 설상차 한 대가 있다. 철판이 부식돼 떨어져 나간 것을 보면 수십 년은 돼 보인다. 눈 위를 다닐 때 필요해서 칠레 공군 C-130 수송기로 싣고 왔겠지. 그리고 잘 사용하다가 고장난 뒤 고치기 힘드니 버려둔 것이리라. 그곳 사람들은 평범한 일상인 듯 관심이 없었다.

남극과 가까운 나라라고 남극의 주인행세를 하는 칠레는 킹 조지 섬에 프레이, 에스쿠데로(Escudero) 두 곳의 기지를 갖고 있다. 킹 조지 섬에서 기지 두 곳을 운영하는 유일한 나라다. 남극 반도 영토권을 주장하는 칠레가 유리한 고지를 차지하려는 전략이다.

프레이 기지는 겉으로는 과학기지로 보이지만 사실상 군사기지다. 칠레공군 대령이 책임

킹 조지 섬에 나란히 자리잡은 칠레 프레이 기지(왼쪽)와 러시아 벨링스 하우젠 기지.

양키 하버 해안에서 녹슬어 가고 있는 드럼통.

자다. 계급으로 미뤄 많은 병력이 주둔하고 있는 것으로 보이지만 군사기밀이라 알 수 없다.

이 기지의 주요시설은 '흙바닥 활주로'다. 칠레뿐 아니라 남극으로 들어가는 사람과 물자들이 거치는 관문이다. 그렇다 보니 기지 주변 환경오염이 심하다. 이리저리 둘러보니 프레이 기지 녹은 눈 밑으로 쓰레기 더미도 보였다.

항공기가 뜨고 내리는 곳에서 배출되는 폐기물과 쓰레기는 얼마나 많겠는가. 그것을 대충 처리하고 있었다.

항공유 저장소와 유류 수송시설이 심한 환경오염원이었다. 배로 싣고 온 유류를 언덕 위 저장 탱크까지 잇는 유류 수송관은 비포장도로 한쪽에 노출돼 있었다. 겨울에 눈이 쌓이면 파이프가 보이지 않을 것은 뻔했다. 눈을 치우려고 중장비가 다니다가 유류 수송관을 터뜨리기에 십상이었다. 수송관 위로 높이 2m짜리 표지 막대를 세워놓았지만, 그 위로 눈이 쌓이면 속수무책이었다.

러시아 벨링스하우젠 기지 뒤 언덕에도 강풍에 쓰러진 지 오래된 녹슨 철탑이 방치돼 있었다. 전파를 송수신하는 철탑이다.

앞집이 청소를 제대로 하지 않으니 뒷집도 쓰레기를 아무 데다 버리는 꼴이었다.

도로 하나를 사이에 두고 나란히 있는 칠레 프레이 기지와 러시아 벨링스하우젠 기지는 남극을 경쟁적으로 오염시키고 있었다.

양키 하버 해안에도 목선 한 척이 썩어가고 있었다. 배의 옆면은 떨어져 나가고 밑바닥만 남아 있었다.

남극 관광객이 상륙할 때 소독된 장화를 신어야 하고, 주머니에 육지의 씨앗 하나라도 들어 있으면 안 된다는 규정이 여기서는 큰 의미가 없었다. 남극을 더 많이 오염시키는 주체들이 있건만, 잠깐 들르는 남극 관광객들에게만 까다로운 규정을 적용한다는 생각이 들었다.

그래도 남극 환경을 보호하면서 관광을 지속하려면 여행자들의 협조는 필수 조건이다. 남극 관광객을 모집하는 국제남극관광협회 소속 7개 여행사는 남극 관광 프로그램 운영 규칙을 철저하게 지키고 있었다.

남극대륙이 자기 것인 양 오만함을 부리는 일부 나라들의 대형기지를 제외하고 대부분 과학기지는 남극 환경보호를 위해 노력하고 있다.

러시아 벨링스하우젠 기지 뒤 언덕에는 철탑이 쓰러져 있다.

킹 조지 섬 프레이 기지 앞 해안에는 설상차 한 대가 녹슬어 가고 있다.

양키 하버 해안에서 썩어가고 있는 목선.

활주로가 있는 칠레 프레이 기지에는 유류 탱크가 많다.

프레이 기지 중장비 보관소.

러시아 벨링스하우젠 기지 간판.

러시아 벨링스하우젠 기지 선물 판매소. 가격은 비싸고 살
만한 물건이 없었다.

작업을 마치고 기지로 돌아오는 중장비들.

세종과 장보고 등 한국의 두 기지는 완벽한 생태기지다. 종이류를 제외한 쓰레기는 모두 한국으로 가져가고, 세탁과 화장실 오수 등은 바이오 처리 과정을 거친다고 한다.

일본 쇼와기지 화장실은 소각방식이다. 대변은 바이오 기술로 분해하고 수분을 줄인 뒤 소각하며, 재는 일본으로 가져간다. 소변은 드럼통에 넣어 바다에 버린다.[22)]

나라별 남극 기지들의 환경보호 규정 준수 여부는 남극에 과학기지를 가진 나라들이 함께 검열단을 만들어 조사한다. 대부분 나라는 환경보호에 적극적으로 협조하고 있다.

22) 『남극과 북극의 궁금증 100가지』 가미누마 가츠타다 외 지음, 김태호 옮김, 푸른길, 215쪽.

남극에 버려진 채 1년간 살아남은 썰매 개 두 마리

일본에 가면 '타로와 지로' 이름을 가진 명소와 명물이 많다. 기념주화나 우표도 많고 인형으로 만들어 팔리기도 한다.

홋카이도 야칸코 호수 2곳의 이름이 '타로 호'와 '지로 호'다. 와카나이 공원에는 타로와 지로 조각물이 있고, 이 공원의 쌍둥이 케이블카 이름도 타로와 지로다. 방문객들을 위한 타로와 지로 모양의 기념 스탬프도 있다.

타로와 지로는 일본 남극탐험대가 남극에 두고 왔으나 1년 동안 살아남은 썰매 개 두 마리 이름이다. 일본의 1차 남극 관측대가 1957년 1월 29일 남극 옹굴(Ongul) 섬에 도착한 뒤 근처에 쇼와기지를 세우고 철수하면서 거대한 폭풍에 휘말린다. 급하게 대피하느라 썰매 개 15마리에게 먹이를 조금 남겨두고 떠난다. 곧 2차 월동대가 도착할 예정이었기 때문이다. 그러나 얼음 상태가 나빠 2차 월동대는 들어가지 못하고 1년 뒤 3차 월동대가 들어간다. 그때 어디선가 꼬리를 흔들며 달려온 썰매 개 두 마리, 타로와 지로였다. 털이 빠졌지만 두 녀석은 살아 있었다.

타로와 지로는 어떻게 살아남았을까.

당시 신문에 실린 타로와 지로 사진. (출처:네이버 포스트 푸른안개)

대부분 개가 줄에 묶인 채 죽어 있었지만, 막 성견이 된 타로와 지로는 힘이 세서 줄을 끊고 풀려난 것이다. 그리고 두 마리가 협력하여 바다표범을 잡아먹으면서 아무도 없는 쇼와 기지에서 살아남았다.[23]

두 녀석은 3차 월동대와 탐험을 계속한다. 지로는 1960년 남극에서 죽었다. 타로는 일본으로 돌아와 홋카이도에서 10년간 살다가 죽었다. 일본 사람들은 두 녀석을 박제로 만들어 보존하고 있다. 타로는 홋카이도 농대 박물관, 지로는 국립 과학박물관에서 어떠한 상황에서도 삶에 대한 희망을 잃지 말 것을 인간에게 가르치고 있다.

타로와 지로의 사연은 일본에서 영화로 만들어져 흥행 1위를 기록했고, 헐리우드 영화 '에이트 빌로우(EIGHT BELOW)'로도 리메이크되어 전 세계인들에게 감동을 주었다. 일본에서는 두 마리가 발견된 1월14일을 '사랑·희망·용기의 날'로 정해 두 녀석이 인간에게 남긴 메시지를 기념하고 있다.

23) 앞의 책, 221쪽.

지질학계는 46억 년의 지구 역사에서 다섯 번의 대멸종이 있었다고 본다. 백악기 공룡의 대멸종과 2억 5,000만 년 전에 일어났던 삼엽충 같은 전체 생물 멸종이 대표적이다.

학자들은 현재 지구도 인류의 각종 오염 활동으로 여섯 번째 대멸종이 진행 중이라고 분석한다.

미국·영국·프랑스·캐나다 등 12개국 연구자 24명으로 구성된 국제지질연합(IUGS) 국제 연구팀 '인류세(人類世, Anthropocene)' 워킹그룹은 지구가 '인류세'라는 새로운 지질연대에 들어섰다는 증거를 국제학술지 사이언스를 통해 2016년 1월 발표했다.

인류 활동이 지구환경을 급격히 바꿔놓는 바람에 과거 자연사적인 과정에 따라 생성된 지질연대와는 별도로 구분해야 한다는 주장이다.

이 연구팀의 콜린 워터스 영국지질연구소 연구원은 "지금 지구상에서 일어나고 있는 변화는 1만 2,000년 전 마지막 빙하기가 끝난 직후만큼이나 변화가 크다"고 말했다. "공기 중 이산화탄소와 메탄의 농도 증가속도가 과거와 비교할 수 없이 빨라졌고, 인간은 해마다 약 3억t의 플라스틱으로 지구를 뒤덮는 등 환경을 바꿔놓고 있다"는 설명이다.

서대문 자연사 박물관 이정모 관장은 저서 『공생 멸종 진화』에서 "지난 다섯 번의 대멸종에서 최상위 포식자는 반드시 멸종했다"고 지적하며 "현재 최상위 포식자인 인간도 공룡처럼 완전히 지구상에서 사라질 수 있다"고 경고했다.[24)]

지금처럼 인간이 지구환경을 계속 오염시킨다면 멸종될지 모른다. 남극이 인간들에 의해 오염되고 있는 현장을 보노라면 이러한 경고가 다가오고 있음을 실감한다.

지구의 오염원인 인간을 향한 '지구의 반격'은 이미 시작됐다. 남극 여행자들은 자연의 역습에 대비해야 한다는 사실을 깨닫는다. 태초의 깨끗한 자연환경이 인간에 의해 어떻게 오염돼 가는지를 보면서다.

24) 중앙일보 2016년 4월 29일자 20면.

남극은 레저와 스포츠 무대

잔잔한 파도가 일렁이는 자갈밭 해변. 한 무리의 남녀가 스트레칭을 하며 몸을 푼다. 그리고 옷을 벗는다. 여행 옷차림의 사람들이 순식간에 수영복으로 바뀐다. 아예 속옷을 수영복으로 미리 입고 왔으니 겉옷만 벗으니 순식간에 피서객이 됐다.

반나(半裸)의 사람들은 해안가에서 시동을 걸고 기다리던 고무보트에 오른다. 고무보트는 바다 가운데로 나아간다. 고무보트가 멈추자 사람들은 바닷물 속으로 뛰어든다. 사람들은 해안을 향해 수영을 시작했다.

해변에서 이 모습을 지켜보는 사람들이 박수와 함께 "와~" 하고 함성을 지른다. 해안에

남극 킹 조지 섬 근처 작은 섬에서 남극 여행자들이 해수욕을 하기 위해 바다로 뛰어들고 있다.

일행들이 해변으로 돌아오는 여행자들을 반기며 사진을 찍고 있다.

도착한 사람들은 수건으로 몸을 감싸며 위스키 한잔을 마신다.

주변을 돌아보니 옥빛을 품은 흰색 빙산이 곳곳에 떠 있다. 턱끈펭귄들이 잰걸음으로 걸어 다닌다. 자갈 해변 뒤쪽은 켜켜이 쌓인 눈밭이다. 모두 하얀 세상이지만 바닷물만 푸른색이다. 해수욕객들이 위스키를 마시는 이유는 추위를 이기기 위해서다.

이곳은 남극 킹 조지 섬 근처 작은 섬. 남극 여행자들의 해수욕 모습이다.

남극 해수욕이 가능한 시기는 '남극 여름철'인 12월~이듬해 2월까지다. 이 무렵 남극 온도는 한국의 겨울과 비슷한 섭씨 0도를 오르내린다. 연 평균 온도가 영하 40도인 남극에서 서울보다 더 따뜻할 때도 있다. 남극 대륙 전체가 그런 것은 아니고 주로 남극 반도에 한정된 이야기다.

연중 가장 따뜻한 시기에 해수욕하는 것은 남극이나 한국이나 같다.

우리나라 부산 해운대 해수욕장에서 해마다 1월에 열리는 '북극곰 수영대회'를 생각하

남극 대륙 250㎞를 7일 동안 달리는 남극 마라톤 대회.
(출처: DAP 항공 사보)

면 된다. 빙하가 뿜어내는 냉기로 부산보다 춥지만 견딜 만하다. 모래사장은 아니고 자갈밭 해안이지만 그런대로 해수욕할 만하다.

물론 남극 해수욕에는 주의도 필요하다. 충분한 준비운동을 해야 하고 심장이 약한 사람은 들어가면 안 된다. 수심이 완만하지 않아 수영에 자신이 없으면 포기하는 게 좋다. 탈의실이 없으므로 수영복을 속옷으로 미리 입고 와야 한다.

남극 여행 관련 블로그에 '남극 여행 필수품은 수영복'이라고 떠 있던 글을 과장으로 생각했지만, 사실이었다.

추위에 맞설 작은 용기만 있으면 "남극에서 해수욕했다"고 자랑거리를 만들 수 있다.

남극은 이미 다양한 스포츠 무대로 바뀌고 있다.

대표적인 것이 '레이싱 더 플래닛 (Racing the Planet)'에서 해마다 개최하는 남극 마라톤 대회(The Last Desert in Antarctica).

해마다 남극의 겨울이 끝나가는 11월 중순께 7일 동안 눈 덮인 남극대륙 250㎞를 달린다. 남극 마라톤은 4대 사막 마라톤의 마지막 과정이다. 주최 측이 주관하는 3곳의 사막 마라톤 완주자에게만 참가 자격이 주어진다. 그 세 곳은 가장 뜨거운 사하라(이집트), 가장 험한 고비(중국), 가장 높은 아타카마(칠레) 사막이다. 남극은 사막이 아닌데 왜 4대 사막 마라톤 대회에 포함됐을까? 이상하게 생각할 필요는 없다. 영어 desert를 주로 사막으로 번역하지만, 황무지라는 뜻도 있다.

힘들지만 해마다 극한 체험을 하려는 전 세계 마라토너 수십 명이 참가한다. 대회 초반에는 10여 명만 참가했으나 지금은 60~100여 명으로 불어났다.

남극 마라톤은 정해진 구간을 시간 안에 완주하는 서킷 방식으로 진행된다. 아침과 저녁을 제공하고 잠은 연안에 정박한 크루즈선에서 잔다. 이튿날 배가 다른 코스로 이동하면 상륙해서 다시 코스를 달린다. 참가자들은 비상식량과 식수, 구급 약품, 기상변화에 대비한 의류와 장비 등 6~7㎏의 배낭을 메고 하루 30~40㎞의 눈밭을 뛰어야 한다. 위험하므로 2년마다 열린다.

한국인도 많이 참여했다. 2016년 11월 21~26일까지 열린 제7회 대회에는 이호연(당시 58·예비역 중장) 전 해병대 사령관이 참가했다. 그도 2014년 3곳의 사막 마라톤대회를 완주했었다. 이씨의 세계 4대 사막 마라톤 그랜드슬램 달성은 한국인으론 11번째다. 2016년 7회 대회에는 24개국 61명이 참가했었다.

이 대회에 처음 참가한 한국인은 2007년 11월 안병식(당시 34세, 제주대 대학원생) 씨였다. 안씨는 3위를 했다. 이 마라톤은 250km를 달릴 예정이었으나 눈보라와 강풍이 몰아치는 영하 20도의 악천후 때문에 일부 코스가 취소됐다. 참가자들은 깊이 30cm가 넘는 눈 쌓인 계곡을 달렸다.

남극 마라톤 대회는 참가비용이 1,600만~2,000여만 원 정도. 만만치 않은 비용이지만 극한의 자연 속에서 인내심을 시험하려는 참가자들이 해마다 늘고 있다.

지금은 반짝 이벤트로 진행되는 남극 해수욕도 수영대회로 커지고, 정기적으로 열릴 날이 올 것이다.

해발 4,892m의 남극 대륙 최고봉 빈슨 매시프(Vinson Messif) 봉을 등반하는 산악인도 많다. 1966년 첫 등반을 시작으로 2017년까지 2,000여 명이 올랐다. 해마다 100~200명이 등정한다. 우리나라에서는 산악인 박영석 씨가 2002년 첫 등정에 성공했다. 히말라야 8000m급 14개 봉을 등정한 그는 남극대륙의 빈슨 메시프 봉을 오르면서 7대륙 최고봉 등정 기록을 세웠다. 이후 여성 산악인 오은선(2004년), 엄홍길(2007년), 열 손가락 없는 장애 산악인 김홍빈(2009년) 씨 등이 빈슨 메시프 봉을 등정했다. 이후 많은 한국 산악인들이 남극 대륙 최고봉을 올랐다.

빈슨 메시프 봉은 남극 반도 남쪽 엘스워스 (Ellsworth) 산맥에 있다. 1958년 미 해군 비행기에 의해 처음 발견됐다. 1961년 미국 조지아주의 칼 빈슨 의원이 남극 탐사를 지지해 준 공로로 그의 이름을 붙였다.

빈슨 메시프 봉은 세계의 많은 산악인이 찾아오면서 지원 시스템이 제대로 갖춰져 있다. 영·미 합작기업 ALE사가 칠레 푼타아레나스~글레이셔 캠프~빈슨 메시프 베이스캠프까지 항공편을 운항하고 있다. ALE사가 운영하는 베이스캠프는 산악인들을 위한 여러 가지 편의 시설을 갖추고 있다. 4박5일쯤 걸리는 정상 등반에는 가이드를 의무적으로 동행해야 한다.

이제 남극은 누구나 갈 수 있는 여행지로 바뀌고 있고, 극지 스포츠 무대가 되고 있다.

“준비하지 않는 승리는 없다”는 아문센

“철저하게 준비한 사람들에게만 승리의 여신이 찾아온다. 잘 모르는 사람들은 그것을 행운이라 부른다.”

아문센의 말이다. 그는 1911년 12월 14일 오후 3시 남극점에 첫발을 디뎠다.

아문센은 남극 탐험 루트 선택에서 스콧보다 짧았다.

아문센은 섀클턴 등 앞선 탐험가들이 부분 개척해 놓은 기존 루트를 선택하지 않고 새로운 루트를 뚫었다. 훼일즈 만 로스 빙붕에 올라 남극 횡단 산맥을 넘어 남극 고원의 남극점에 이르는 코스다.

이 새 루트는 로스 빙붕이 남극대륙의 암반 위에 단단히 고정돼 있다는 아문센의 판단이 있었기에 가능했다. 바다 쪽 빙붕은 해수면 위에 떠 있기에 떨어져 나갈 위험이 크다. 그 때문에 섀클턴 이전의 남극 탐험가들은 이 루트를 포기했었다. 빙붕에 올랐다가 빙붕이 떨어져 나가면 탐험은 물거품이 된다.

그러나 오랜 세월 동안 로스 빙붕이 같은 형태를 취하고 있다는 사실에 주목한 아문센은 로스 빙붕이 단단히 고정돼 있어 안전하다고 확신했다. 새 루트를 선택함으로써 아문센은 스콧이 선택한 맥머도 해협을 출발하는 루트보다 약 96㎞를 단축할 수 있었다.

아문센은 배부터 남극 탐험에 맞는 것으로 골랐다. 아문센이 타고 간 프람호는 극지탐험 전용선이었다. 800t급 세대박이 범선으로 200마력의 엔진을 달고 단단한 나무로 만든 선체 위에 강철을 덧씌웠다. 목선을 철선처럼 튜닝했다. 배 바닥이 둥글게 돼 있어 바다가 얼면 배가 얼음 위에 얹히도록 설계했다. 얼음이 배의 양쪽으로 조여오면 얼음 위에 배가 얹히게 만든 쇄빙선 초기 모델이었다. 배 이름 프람(FRAM)에는 '전진'(Forward)한다는 뜻을 담고 있다. 프람 호는 현재 노르웨이 오슬로 외곽에 보존되어 있다. 프람 호는 남극과 북극을 탐험한 첫 탐험선이다.

반면에 스콧 탐험대의 테라노바 호는 선령 27년의 낡은 포경선을 개조한 것이었다. 무게 400t, 길이 56m, 너비 9.3m의 배에는 140마력 엔진이 달려 있었다. 기관실은 환기가 되지 않아 선원들이 열기로 힘들어했다.

테라노바 호는 중간 기항지 뉴질랜드 챌머스(Chalmers)항을 떠난 지 이틀 만에 강풍을 만나면서 기관실이 침수돼 엔진이 꺼지는 등 항해의 어려움을 예고했었다.

〈아문센과 스콧 탐험코스 비교는 62쪽 참조〉

죽어가면서 일기를 쓴 스콧

'우리는 끝까지 버텨볼 생각이다. 하지만 몸이 점점 쇠약해져서 이제 끝이 멀지 않았다. 정말 안 된 일이다. 나는 더 쓸 수 없다. 신이시여 우리 국민을 보호해 주소서'.

스콧이 1912년 3월 29일 남극에서 쓴 마지막 일기다.

텐트 안에는 16㎏쯤 되는 돌무더기가 있었고, 스콧의 일기장 옆에 등이 놓여 있었다.

실종된 스콧 일행을 찾으러 나선 11명의 수색대가 실종 7개월만인 1912년 11월 12일 발견한 텐트 안 마지막 모습이다. 아문센(1911년 12월 14일)보다 35일 뒤인 1912년 1월 18일 남극점에 2등으로 도달하고 돌아오는 길에 1912년 3월 29일쯤 숨진 스콧. 하지만 그가 남극 탐험에서 채집한 자료와 과학적 데이터 등은 훗날 가치를 인정받으면서 사후에 더 유명해졌다.

그는 기억이 혼미해지는 마지막 순간까지 등불을 댕기어 기록을 남겼다. 몸도 가누기 힘든 악천후 속에서도 많은 식물 화석과 암석 표본을 끝까지 옮긴 진정한 탐험가였다. 훗날 과학자들이 확인한 결과 글로소프테리스(Glossopteris) 식물 화석 같은 소중한 자료들도 있었다. 글로소프테리스는 약 3억 년 전 고생대 후기~중생대 초에 지구 남반부 대륙에서 자생했던 고대식물. 이 식물 화석은 남아메리카와 호주, 아프리카 등에서 발견되고 있다. 지금은 떨어져 있는 이 대륙들이 붙어 있다가 분리됐다는 대륙이동설의 중요한 증거가 되는 화석이다.

스콧이 숨진 텐트에서 불과 18㎞ 떨어진 곳에 베이스캠프가 있었다. 스콧이 암석 표본과 식물 화석을 버리고 걸었다면 탐험은 성공했을지도 모른다.

그는 아문센과 경쟁하는 상황에서도 과학적 탐사에 집중하느라 많은 시간과 노력을 할애했다. 오로지 남극점 정복만 목표로 달려간 아문센과는 달랐다. 4명의 목숨과 맞바꾼 이 돌무더기는 과학적 탐험에 열중했던 스콧의 상징이다.

스콧 대는 남극 대륙에 아문센보다 두 달 먼저 도착했으나 로스 섬 주변의 지질조사부터 시작했다. 1911년 2~3월 프랭크 데벤함(Frank Debenham, 1883~1965) 등 지질학자들에게 노출 바위와 빙하 탐사, 화석 수집을 시켰다. 이 때문에 아문센보다 12일 늦은 1911년 11월 1일에야 출발했다.

해군 장교 출신답게 신에게 영국국민을 보호해 달라는 마지막 글에서 그의 강한 군인정신이 묻어난다.

칠레 프레이 기지서 뛰노는 아이들

양키 하버와 하프문 아일랜드를 둘러본 뒤 배는 조금 이동해 사우스 셰틀랜드 제도에서 가장 큰 킹 조지 섬 앞에 정박했다. 배에서 하루를 묵은 뒤 이튿날 오전 고무보트를 타고 킹 조지 섬에 상륙했다. 우수아이아에서 4박 5일 동안 타고 온 오션노바 호를 떠나는 날이다. 트렁크와 짐을 챙겨 선실 문 앞에 내놓으면 진행요원들이 고무보트에 싣고 섬에 내려놓았다. 따라서 여행객들은 몸만 고무보트에 실으면 됐다.

킹 조지 섬은 폭 30㎞ 길이 80㎞다. 면적은 1,338㎢로 제주도보다 조금 작다. 킹 조지 섬은 칠레와 아르헨티나에서 가까워 드나들기 편하다. 섬 일부를 제외하고는 두께 100m의 얼

킹 조지 섬 가장 좋은 곳에 자리 잡은 칠레 프레이 기지.

음으로 덮여있다. 섬의 동북쪽은 만년얼음이다. 그러나 과학기지들이 몰려 있는 반대쪽의 기후는 따뜻한 편이다. 남극의 겨울인 12월~이듬해 2월에는 서울의 겨울 날씨와 비슷하다. 남극의 낙원이라고 불리는 이유다.

이 섬에는 한국 세종(King Sejong), 칠레 프레이(Frei)와 에스꾸데로(Escudero), 러시아 벨링스하우젠(Bellingshausen), 브라질 페라즈(Ferraz), 폴란드 아르토스키(Artowski), 아르헨티나 쥬바니(Jubany), 우루과이 아르티가스(Artigas), 중국 창청(长城,Great wall), 칠레 마추픽추(Machu Picchu), 미국 코파카바나(Copacabana), 독일 달만(Dallmann), 체코 에코(Eco)등 12개국 13곳 기지가 있다. 페루·미국·독일·체코 기지만 하계기지고 나머지는 상주기지다. 하계기지는 11월~이듬해 2월까지 운영하지만, 상주기지는 혹독한 겨울을 포함한 1년 내내 운영한다.

킹 조지 섬 서쪽 프레이 기지에서 시작돼 우루과이 아르티가스 기지까지 이어지는 약 20㎞의 도로가 중심이다. 이 도로를 중심으로 여러 나라 기지들이 흩어져 있다.

벨링스하우젠 기지서 바라본 킹 조지 섬.

프레이 기지 해안 모습. 세계 주요 도시까지 거리를 표시한 이정표가 서있다.

킹 조지 섬의 1번 도로 위를 달리는 차. 이 도로는 칠레 프레이 기지에서 우루과이 아르티가스 기지까지 약 20㎞. 도로를 중심으로 여러 나라 기지들이 있다.

남극 대륙에는 31개국이 84곳(상주 40, 하계 44)의 기지를 운영하고 있다. 이 가운데 두 곳 이상 기지를 운영 중인 나라는 9개 나라다. 아르헨티나 13곳(상주 6, 하계 7)으로 가장 많고 칠레 11곳(상주 4, 하계 7), 러시아 10곳(상주 5, 하계 5) 등의 순이다.

한국도 상주기지 2곳을 갖고 있다. 1988년 2월 킹 조지 섬에 세종과학기지를 처음 세운 뒤 동남극 북 빅토리아랜드 테라노바(Terra Nova) 만에 장보고 과학기지를 2014년 2월 완공했다. 세종기지 위치는 남극의 섬이지만 장보고 기지는 남극 대륙에 자리잡아 본격적인 남극 연구를 할 수 있다.

기지 한 곳을 두 나라가 공동운영하기도 한다. 이탈리아와 프랑스, 네들란드와 영국, 호주와 루마니아 등이다.

특이하게 국가가 아닌 민간인이 세운 기지도 있다. 바로 체코의 에코(Eco) 기지다. 에코 기지는 킹 조지 섬이 아닌 넬슨 섬에 있는 유일한 기지다. 이 기지 설립은 체코의 야로슬라브 파블리체크가 주도했다. 그는 민간단체 지원을 받아 러시아 배를 빌려 타고 다니면서 남극을 탐험했다. 그러다가 1990년 무렵 넬슨 섬 북서쪽 해안에 허름한 기지를 지었다. 많은 나라가 킹 조지 섬에 기지를 세우다 보니 기지를 세울 만한 곳을 찾지 못했기 때문이다.

국가보다 먼저 남극의 중요성을 알고 기지를 세운 그는 체코에서 '남극 탐험의 대부'로 불린다.

킹 조지 섬의 주인은 칠레처럼 보였다.

칠레공군이 보유한 활주로를 보니 그런 생각이 들었다. 길이 2㎞짜리 비포장 활주로와 작은 관제탑으로 이뤄진 초라한 모습이지만 당당한 남극의 관문이었다. 킹 조지 섬 12개국 13곳 기지들을 오가는 대원들과 화물은 이곳을 이용한다. 남극 관광이 활발해지면서 늘어난 일반 여행자들도 마찬가지다.

남극 관광객들이 오션노바 호에서 내려 민항기가 있는 활주로까지 걸어가고 있다. 바다에는 오션노바 호가 정박해 있다.

눈 쌓인 프레이 기지 활주로에 민항기가 착륙하고 있다. 활주로에는 눈을 모아둔 눈무더기들이 곳곳에 있다.

빙판 활주로 & 흙바닥 활주로

문명 세계에 사는 우리는 포장된 비행장 활주로만 생각한다. 남극에서는 흙바닥과 얼음 위에 활주로를 만든다.

얼음 활주로(Ice Runway)는 레이저 기술과 중장비로 얼음을 깎아내고 다져 활주로를 만든 것이다. Ice Runway는 남극 비행장의 공식 이름이다. 민간 상용 비행장이 아닌 관계로 국제항공수송협회 (IATA) 코드는 배정되지 않았다.

남극에는 칠레·미국·영국·러시아 등 10여 개국이 20곳의 활주로를 갖고 있다. 규모가 큰 곳은 작은 관제탑이 있지만, 대부분은 빙판에 깃발을 꽂아 활주로를 표시하는 정도다. 활주로 길이는 1~4km다.

20곳의 활주로 가운데 바퀴로 이·착륙이 가능한 곳은 15곳, 나머지 5곳은 바퀴 대신 스키가 장착된 트윈오터(Twin Otter) 경비행기가 다닌다. 남극 최고봉 빈슨 매시프 봉 근처 활주로가 그렇다.

규모가 가장 큰 것이 미국 맥머도(McMurdo) 기지에 있다. 맥머도에는 1992년 건설된 페가수스(Pegasus) 와 윌리엄스 필드(Williams Field) 등 2개의 활주로가 있다. 페가수스는 남극 여름만 제외하고 바퀴 달린 항공기들이 이용할 수 있다. 윌리엄스 필드는 여름에는 항구로 사용하다가 겨울에 바다가 얼면 중장비로 얼음을 밀고 다져서 활주로를 만든다. 빙판 활주로는 이착륙할 때 미끄러지거나 항공기 무게에 얼음이 깨질 수 있어 주의해야 한다. 조종사들에 따르면 단단하게 언 빙판 활주로는 포장 활주로보다도 부드럽다고 한다.

지구 온난화로 남극 빙판 활주로가 녹고 있어 문제다.

호주 케이시(Casey) 기지 윌킨스(Wilkins) 활주로는 표면이 자주 녹아 비행기 이착륙에 제한을 받고 있다.

윌킨스 활주로는 길이 4km 너비 700m로 남극에서 가장 길다. 레이저 기술로 빙하를 깎아 2004년 완공했다. 2년 동안 4,500만 호주 달러(당시 기준 약 380억 원)를 들였다. 호주는 이 활주로 준공으로 호주 태즈메이니아 공항과 케이시 기지를 잇는 민간 정기항로를 2008년 개설했었다. 뱃길로 2주 걸리던 남극행이 4시간 30분으로 단축됐다.

칠레 프레이 기지 관제탑. 활주로가 한눈에 보이는 돌산 언덕배기에 자리잡고 있다.

프레이 기지가 남극 관문이라는 것은 또 다른 이유는 우체국이 있다는 점이다. 공항을 오가는 항공편을 이용해 칠레 정부는 우편제도를 운영하고 있다. 우푯값은 약 2달러. 남극에서 한국까지 오는 과정을 생각하면 너무 싸다. 세계 각국이 남극 기지에 우편물을 보내기 위해 칠레 우체국을 이용한다. 이곳 우체국에서 엽서를 부치면 두 달 뒤 한국에서 남극 칠레 우체국 소인이 찍힌 엽서를 받아 볼 수 있다. 4개월 만에 받은 사람도 있었다. 잊고 있다가 늦게 받을수록 감동이다.

남극 기지에서도 인터넷과 위성 전화가 되는 세상이지만 여행자들은 배 안에서 또박또박 손글씨로 쓴 편지를 부친다. 대자연 품에 안긴 사람들이 더 감성적으로 변한다.

프레이 기지는 활주로 운용에 필요한 장교와 부사관 등 군인 가족 100여 명이 겨울에도 머문다. 킹 조지 섬 최대기지다.

칠레공군은 C-130 수송기를 매달 한두 차례 운항한다. 이밖에 우루과이·아르헨티나

칠레 프레이 기지의 대형 창고. 활주로 관리에 필요한 중장비와 자동차를 보관하고 있다.

공군기와 디에이피(DAP) 항공사의 민간 항공기도 이 활주로를 이용한다. DAP는 남극의 관광 시즌에 칠레 프레이 기지와 칠레 푼타아레나스 공항까지 전세기를 정기적으로 띄운다. 좌석 구하기는 하늘의 별 따기다. 대부분 좌석은 1년 전에 매진된다. 남극 여행 시즌이 12월~이듬해 2월이기에 미리 좌석을 구해야 한다.

킹 조지 섬에 기지를 둔 나라들은 칠레공군 수송기를 타고 프레이 기지로 온 뒤 차량이나 배를 이용해 자기 나라 기지로 간다. 킹 조지 섬 바톤 반도에 있는 세종과학기지를 오가는 우리나라 연구원들도 이 비행장에 내려 30분쯤 고무보트를 타고 간다.

칠레 프레이 기지와 러시아 벨링스하우젠 기지는 나란히 붙어 있었다. 남반부와 북반부로 멀리 떨어져 있는 두 나라가 남극에서는 사이좋은 이웃이었다. 러시아가 1968년 기지를 열자 칠레가 이듬해 프레이 기지를 준공했다. 프레이 기지 활주로는 칠레공군이 1980년대 준공했다.

프레이 기지는 작은 마을이었다. 칠레가 킹 조지 섬에 공군을 주둔시키는 이유는 자국 영토라고 주장하기 때문이다. 우리나라 독도에 군을 주둔시키지 않고 경찰 경비대를 상주시키는 현실과 대비된다.

칠레는 섬에 공군과 군무원들의 가족들을 상주시키고 있다. 프레이 기지 거주자 100여 명 가운데 20여 명이 공항 관리 기술자와 교사 등 민간인이다. 1984년 프레이 기지에서 첫 아이가 태어났다. 칠레 정부가 신혼부부를 프레이 기지 대원으로 보내 임신과 출산까지 마친 것이다. 칠레는 남극에서 출생한 아이들을 우대하는 정책을 펴고 있다고 한다.

칠레는 남극에서 영토분쟁이 본격화될 때를 대비해 많은 준비를 하고 있었다. 남극의 출산도 영토권을 주장할 때 유리한 위치를 차지하기 위한 것이다.

극지 건축의 모듈러 방식은 아문센이 원조

현재 남극의 과학기지 건설은 거의 모듈러(Modular) 방식으로 짓고 있다. 기지를 짓는 나라에서 건축자재를 미리 만들어 남극으로 옮긴 뒤 현지에서 조립하는 방식이다.

이러한 모듈러 건축의 원조는 아문센이다. 그가 남극점 정복에 성공했을 때 훼일즈 만 베이스캠프에 지은 건물 '프람하임(Framheim)'이 모듈러 방식이었다.

작업실로 활용한 이 건물에서 탐험대원들은 옷과 썰매 수리 같은 여러 작업을 했다. 출발 전에 미리 자재를 만들어 현지에서 길이 7.8m, 너비 5.85m, 높이 3.6m 작은 건물을 조립했었다. 작업실과 거실, 침실, 다락을 갖췄다. 남극에서 텐트를 치는 것보다 안전했다. 목조 건물을 짓는 것보다 시간과 노력을 아낄 수 있었다.

당시로는 획기적이었던 아문센의 이러한 건축 시도는 요즈음 극지 건축에서 그대로 활용되고 있다. 남극 과학기지를 짓는 나라들은 본국에서 사전에 제작한 자재를 가져와 남극에서 조립하는 방식을 적용한다. 2014년 준공한 우리나라 장보고 기지도 모듈러 방식으로 16채, 전체 면적 4,458㎡의 건물을 지었다.

남극의 건축물은 거의 모듈러 방식이다. 프레이 기지 건물도 칠레 본토에서 설계대로 절단된 건축 자재를 가져와서 현지에서 조립했다.

오션노바 호에서 고무보트를 타고 킹 조지 섬에 상륙하는 관광객들.

프레이 기지의 유치원과 초등학교에는 이곳에 근무하는 과학자와 군인 자녀들이 다닌다. 본국에서 파견된 교사가 있지만 기지 과학자들도 학생들을 가르친다.

병원과 우체국, 기념품점, 식품 가게 등도 있다. 식품 가게에서는 칠레 본토와 같은 가격으로 판매한다. 칠레는 1991년에 큰 체육관을 지어, 남극의 겨울마다 '남극 올림픽'이라는 체육행사를 연다. 종목은 배구, 탁구, 농구, 축구, 배드민턴, 풋살(미니 축구), 당구 등이다. 킹 조지 섬에 있는 세계 각국 기지 대원들끼리 경기를 벌인다. 칠레의 독립 기념일(9월 18)과 남극의 동지(冬至, 6월 21일) 때도 주변 기지 대원들을 초청한다.

남극의 계절은 한국과 정반대다. 남반부와 북반부로 멀리 떨어졌기 때문이다. 우리나라 낮 길이가 가장 긴 하지(夏至, 6월 21일) 때 남극에서는 반대로 낮 길이가 가장 짧은 동지다. 이때쯤 남극의 기온은 영하 30~40도를 오르내린다. 대원들이 가장 견디기 힘든 시기다. 이 때 남극의 기지마다 행사를 연다. 추위를 잘 이겨내자며 서로 격려하는 자리다. 남극 올림픽이라 부를 만하다.

도로 갓길을 따라 놓여 있는 송유파이프. 눈이 쌓여도 위치를 알려줄 표지봉이 설치돼 있다.

프레이 기지는 킹 조지 섬 주변에서 조난사고가 발생하면 구조본부가 된다. 헬기와 항공기들이 항상 대기하고 있기 때문이다.

남극을 떠나는 마지막 순간이다. 우리가 탈 비행기는 활주로 끝에 있었다. 여행자들은 활주로 갓길을 따라 트렁크를 들고 걸었다. 남극에서 트렁크 끌고 여행하려면 이 구간이 고비다. 이 구간만 조금 고생하면 남극의 트렁크 여행은 가능하다. 그래서 무거운 짐은 가져오지 않는 것이 좋다. 인생은 짐과 싸움이다. 욕심을 버리면 편한 여행이 될 것이고, 욕심이 많으면 힘든 여행이 된다.

남극에 공룡이 살았다고?

남극 공룡 화석은 남극이 호주, 남아메리카 대륙과 붙어 있다가 분리됐다는 대륙 이동설의 증거다. 경남 고성 공룡박물관 모습.(출처: 중앙일보 송봉근 기자)

1986년 이후 남극에서 공룡화석이 종종 발견되고 있다. 가장 많이 발견된 곳이 제임스 로스(James Ross) 섬 암벽 해안. 두 발로 걸었던 초식성 이구아노돈 과(科) 공룡화석이 1999년, 육식성 두 발 공룡화석도 2003년에 이곳에서 발견됐다. 남극에서 가장 큰 공룡인 사우로포드 공룡화석도 해발 3,900m 지점에서 발견됐다.

얼음 아래쪽을 제대로 발굴할 수 있다면 더 많은 공룡화석을 찾을 수 있을 것이다.

얼음 왕국 남극에 공룡이 어떻게 살았을까. 이는 대륙이동설이 아니면 설명이 되지 않는다. 즉 남극과 우리가 사는 대륙들이 오래전에는 하나의 큰 대륙(곤드와나, Gondwanaland)으로 붙어 있다가 분리됐다는 설이다. 이 가설은 미국의 지질학자 프랭크 테일러가 1908년 처음으로 주장했다. 그 후 독일의 기상학자 알프레트 베게너가 1912년 정리해서 발표했다. 베게너는 가벼운 화강암질 암석으로 이뤄진 대륙들이 무거운 현무암질 암석으로 된 해저를 지구회전력에 의해 거대한 배처럼 지나간다고 설명했다.[25)]

남극에서 발견된 공룡화석들이 호주·남아메리카에서 발견되고 있다는 사실이 이 가설을 증명한다. 남극의 지질층과 호주·남아메리카 지질층이 같다는 점도 이 주장을 뒷받침한다.

1억여 년 전 남극 대륙에 살았던 공룡과 같은 20여 마리의 발자국이 호주 남부 빅토리아주 해안에서 무더기로 발견되기도 했다.

---

25) 『남극 탐험 기지에서 쓴 화석 지질학 이야기』 장순근 지음, 대원사, 290쪽.

성당과 기념품 판매소가 있는 남극 도시

벨링스하우젠 기지는 시설이 좋아 '리조트'로 불린다. 실제 벨링스하우젠 기지에는 외부인에게 숙박을 제공하는 게스트하우스가 있다. 실내를 목조주택처럼 꾸며 놓고 침대 2개를 놓은 것이지만 남극에서는 특급 호텔이다. 이 호텔은 일반 여행자들이 묵을 수 없고 기지를 방문하는 특별한 손님만 이용할 수 있다, 기지에는 기념품 가게도 있었지만 사고 싶은 물건은 눈에 띄지 않았다.

벨링스하우젠 기지가 한눈에 보이는 언덕배기에는 동방 정교회 '삼위일체' 성당이 있다. 성당 입구에 커다란 나무 십자가가 서 있다. 지붕이 뾰족한 첨탑 형태의 러시아 전통양식으로 지어진 15m 높이 목조 건물이다. 조금이라도 하느님께 가까이 가려는 건축양식이다. 성당 제대 뒤쪽은 이콘(Icon)화로 장식돼 있다. 좌석은 30여 석. 러시아에 있던 성당을 해체해서 남극으로 옮겨와 복원했다. 이곳에서 기지 대원들의 결혼식이 치러진 적도 있다고 한다.

이 성당에는 정교회 사제가 상주하면서 사목활동을 하고 있었다. 사제들은 러시아 모스코바 근처 성 세르기우스 대수도원 소속이다. 기지 대원들과 마찬가지로 1년씩 파견 온다고 한다.

남극에서 비교적 규모가 큰 기지에는 성당과 교회가 꼭 있다. 남극에서는 모든 사람이 신을 가까이 느낀다. 절대고독과 대자연 앞에서 겸손해진 인간들은 자신을 되돌아볼 수밖에 없다. 가장 규모가 큰 교회는 로스 섬 미국 맥머도 기지에 있는 '눈의 교회'(Chapel of snows)다. 개신교 교회로 1965년 지어졌으나 두 차례 화재(1978, 1991년)로 소실된 뒤 다시 지었다. 남극 겨울철에는 신도가 200여 명밖에 안 되지만 붐비는 남극 여름철에는 1,000여 명까지 불어난다고 한다.

아르헨티나 벨그라노(Belgrano)Ⅱ 기지 내 가톨릭 성당은 얼음동굴 안에 있다. 얼음을 파내어 굴을 만든 뒤 성당으로 꾸몄다.

러시아 벨링스하우젠 기지에 있는 정교회 성당 내부모습.

벨링스하우젠 기지 언덕배기에 있는 동방정교회 삼위일체 성당.

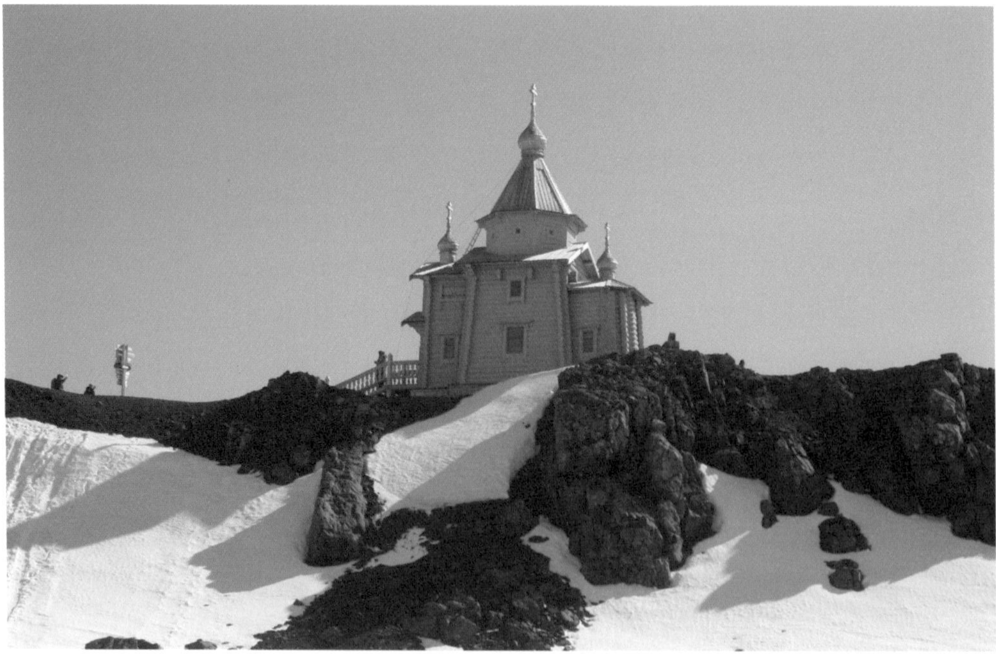

여행자들은 남극 십자가 앞에서 간절한 기도를 바친다.

남극 성당에서 바치는 기도는 더 빨리 하늘에 닿을듯 하다.

민항기가 오가는 남극

남극에는 문명 세계의 상식을 뛰어넘는 게 많다. 활주로도 그 중의 하나다. 얼음대륙에 어떻게 비행기가 뜨고 내릴 수 있을까. 남극에 오기 전에 들었던 생각이다. 와서 보니 비교적 따뜻한 남극의 여름철 사우스 셰틀랜드 제도의 섬 일부는 눈이 녹아 돌과 흙바닥을 드러낸다. 이러한 곳을 선점한 칠레는 흙 바닥을 다져 비포장 활주로를 만들었다. 칠레의 프레이 기지도 눈이 녹는 지역에 만든 흙 바닥 활주로다.

칠레와 러시아 기지 관광을 하고, 성당을 둘러 본 뒤 벨링스하우젠기지 앞 해변에 놓아 둔 트렁크를 찾았다. 타고 갈 비행기까지 활주로 한쪽을 따라 걸었다. 90여 명이 짐을 들고

프레이 기지 활주로 끝에 대기 중인 칠레 DAP 항공 여객기.
기체에는 'ANTARCTIC Airways'라고 쓰여 있다.

프레이 기지 활주로.

남극 관광을 마치고 대기 중인 민항기로 걸어가는 관광객들.

관광객들이 DAP 민항기에 탑승하고 있다.

여객기 이착륙을 돕는 엔지니어들.

승무원이 비상 조끼 착용과 탈출로를 안내하고 있다.

우리 일행과 반대 일정으로 항공기를 타고 남극에 도착한
뒤 크루즈선으로 남극 여행을 할 관광객들이 도착하고 있다.

줄지어 걷는 모습은 마치 난민 행렬 같다. 하지만 남극에 이런 활주로가 있어 비행기를 탈 수 있는 것만 해도 감사한 일이다. 아니면 악몽 같은 드레이크 해협을 또 다시 건너야 할 것 아닌가.

활주로 입구에서 칠레 군인들이 출입을 통제했다. 1시간쯤 기다리자 칠레 DAP 항공사의 소형 제트여객기가 비포장 활주로에 내려앉았다. 기체에는 'ANTARCTIC Airways'라고 쓰여 있었다, 비포장 활주로여서 바퀴 소음이 심하고 착륙 속도는 느렸다.

DAP 항공은 칠레 푼타아레나스를 중심으로 칠레 주요 도시를 운항한다. 비행기는 눈을 치워놓은 활주로를 한 바퀴 돈 뒤 활주로 한쪽 끝 이륙지점에 자리를 잡았다. 그 비행기에서 우리 일행과 교대할 90여 명의 남극 관광객들이 내렸다. 이들은 우리 일행과 반대 일정이다. 비행기로 킹 조지 섬에 도착한 뒤 오션노바 호를 타고 남극 관광을 하고, 드레이크 해협을 건너 우수아이아 항으로 돌아가는 일정이었다. 관광 상품을 선택하는 날짜에 따라 배를 타고 남극으로 온 뒤 비행기로 돌아가거나 반대 일정을 선택할 수 있었다.

ANTARCTICA XXI사는 오션노바 호와 항공기로 관광객을 번갈아 수송한다. 아무리 생각해도 배를 먼저 탄 뒤 비행기로 편하게 돌아가는 나의 일정이 좋을 것 같았다. 방금 비행기에서 내려 남극의 풍광에 들떠 있는 그들을 보니 드레이크 해협을 건너는 고생이 아마득해 보였다.

승객을 태운 비행기가 비포장 활주로를 달리기 시작했다. 옛날 비포장도로를 달리는 완행 버스 안에 있는 것 같다. 기체 진동은 심했으나 이륙은 순조로웠다. 작은 비행기가 흙바닥 활주로를 덜덜거리며 달리다가 남극 하늘을 차오르는 짜릿함은 남극 여행의 별미였다.

지구별 여행자들의 마지막 여행지라는 남극을 떠나는 아쉬움도 밀려왔다. 창으로 내다본 남극의 섬들은 얼음 나라였다. 쪽빛 바다 사이로 햇빛에 반사되는 크고 작은 얼음산들은 아름다웠다.

남극 칠레 프레이 기지에서 칠레 푼타아레나스 공항까지 2시간쯤 걸렸다. 비좁은 좌석이지만 뱃멀미 걱정을 하지 않은 것만으로도 행복했다. 기내 서비스로 비스킷과 음료수를 나눠줬다. 비스킷 한 조각까지 남기지 않고 다 먹었다. 우리 입맛에 맞춘 국적 항공사들의 기내식보다 맛있었다. 이 작은 비행기가 고마웠다.

남극을 떠나면서 참 공평한 여행이었다는 느낌이 들었다. 오션노바 호나 DAP 항공기는 일등실이나 비즈니스석이 없다. 모든 여행자에게 똑같은 선실과 좌석을 배정한다.

남극 하늘의 정복자들

프레이 기지 활주로에서 정비 중인 칠레공군기.

탐험가들은 눈과 얼음 위를 걷지 않고 하늘에서 남극점을 정복하려는 시도도 했다. 오늘 남극을 오가는 민항기가 다니는 것도 이들 덕분이다.

남극점 상공을 처음으로 비행한 사람은 미 해군 비행사 리챠드 에벌린 버드(1888~1957)이다. 그는 1928년 10월 남극 비행에 나서 여러 번의 시도 끝에 이듬해 남극점 상공을 나는 데 성공한다. 그는 훼일즈 만 로스 빙붕 위에 '작은 미국'(Little America)이라는 기지를 세웠다. 기지에 미니 활주로를 만들고 비행기로 남극대륙을 탐험했다. 그 과정에서 남극대륙의 지리와 기상 자료를 많이 수집했다.

이에 앞서 남극 하늘에 가장 먼저 도전한 사람은 호주의 더글러스 모슨(Douglas Mawson, 1882~1958)이다.

모슨은 아문센, 스콧과 비슷한 시기인 1911~1914년까지 남극을 탐험하면서 인류 역사상 처음으로 영국 비커스사(社)의 단발 프로펠러기를 사용하려 했다. 이 비행기는 라이트 형제가 첫 비행에 성공한 지 불과 8년 뒤 제작됐다.

모슨은 비행기로 남극 탐험을 계획했으나 1911년 10월 시험비행에서 사고가 나면서 물거품이 됐다. 수리가 어려워지자 모슨은 날개와 바퀴를 떼어내고 썰매를 달았다. 기체를 트랙터로 활용하려는 기발한 발상이었다. 썰매로 개조한 이 비행기를 남극에 가져갔으나 추위로 엔진에 시동이 걸리지 않아 실패하고 말았다.

그렇게 버려진 비행기 잔해가 100여 년 만인 2010년 1월에 발견됐다. 모슨이 남극에 지었던 첫 남극 탐험 기지의 복원사업을 추진하던 모슨스 허츠 재단 소속 목수가 발견했다. 목수가 우연히 커먼웰스 베이 해변을 걷다 바위 사이에서 비행기 잔해를 찾아냈다.

1921년 일본의 남극 탐험가 시라세 노부는 일본의회에 항공기를 이용한 남극 탐험 청원서를 내기도 했다.

1928년 호주 조지 헐버트 윌킨스가 단엽기 두 대로 남극 반도 북부~중부 일대 항공사진을 촬영하는 데 성공했다.

미 해군은 1946~47년 남극 대륙 전체를 항공 촬영하려고 시도했다. 함정 13척과 비행기 23대, 4000여 명이 동원된 '하이점프'(High jump) 작전이다. 미국이 겉으로는 남극에 관한 과학자료 수집을 내세웠지만 남극에 대한 지배권을 강화하기 위한 정보 수집 차원이었다.

어쨌든 이 작전으로 미국은 웨들해를 제외한 서남극~로스해~동남극 해안 60%, 7만 장의 사진을 촬영하는 데 성공했다.

이 작전 도중에 항공기 추락으로 숨지는 사람도 생겼다. 촬영한 사진이 선명하지 않아 1948년까지 다시 촬영하기도 했다.

남극에서 가볼 곳

남극은 얼음과 눈으로 뒤덮인 추운 곳이라는 게 일반적인 생각이다. 그러나 남극에도 활화산이 있고, 유황 냄새 나는 수증기를 내뿜는 따뜻한 온천이 있다. 기온도 남극의 여름인 12월~이듬해 2월까지는 한국의 서울과 비슷하다. 남극에서 일반인들이 많이 찾는 남극명소를 정리했다.

남극 최고봉 빈슨 매시프(Vinson Massif)

남극점에서 북쪽으로 약 1,200km 떨어진 엘스워스(Ellsworth) 산맥에 있다. 2004년 위성

빈슨매시프 봉은 엘스워스 산맥의 제1봉이다. 사진은 빈슨매시프 봉 옆에 있는 제 2봉인 마운트신(해발 4,660m)의 위용. (출처:손영조 산악인)

위치확인시스템(GPS)을 통해 정확한 높이가 4,892m로 측정됐다.

이곳으로 가려면 남극 여름철에 영·미 합작기업 ALE(Antarctic Logistics & Expedition)사가 운영하는 러시아 비행기를 이용해 칠레 푼타아레나스에서 유니온 글레이셔(Union Glacier) 캠프까지 4시간 30분쯤 날아가야 한다. 여기서 바퀴 대신 스키 달린 트윈오터 경비행기를 타고 빈슨 베이스캠프까지 간다. 얼음을 다진 빙판 활주로에 착륙한다. ALE는 푼타아레나스~남극까지 항공편을 독점하고 있다.

유니온 글레이셔 캠프는 ALE가 운영한다. 이곳은 남극점, 빈슨 봉 베이스캠프, 허킬레스 인레트 등으로 갈 수 있는 중간 기착지다. 식당, 숙박용 텐트, 의료실, 커뮤니케이션 센터, 화장실, 배구장 등을 갖고 있다. 날씨가 나빠 여행자들이 기다릴 동안 영화와 강의 같은 프로그램을 운영한다. ALE는 등반객 3명당 한 명의 가이드를 동반하도록 규정하고 있다.

항공기 운항 조건은 남극 풍속이 8m/sec 유지해야 하고 백시현상(白視現象,white out)[26]을 피해야 한다. 따라서 등반 시간보다 대기하는 시간이 더 많다.

베이스캠프를 출발해 정상까지 4박 5일쯤 걸린다. 마지막 캠프에서 정상까지는 7시간이다. 영하 45도까지 내려가는 추위와 싸우는 게 힘들다. 해가 지지 않는 백야(白夜)현상으로 눈가리개를 하고 잠을 자야 한다.

7대륙 최고봉을 등정하려는 산악인들의 마지막 등반 목표지만 가이드 산행이 보편화되면서 국내의 산악회도 많이 다녀오고 있다.

남극의 수도, 킹 조지 섬

남극반도 앞 사우스 셰틀랜드 군도에 있는 가장 큰 섬. 남아메리카 남단과 가장 가까워 기후가 온화하다. 칠레 프레이 기지에는 비포장 활주로가 있어 남극 관문 역할을 한다. 남극의 수도라 불릴 만하다.

칠레는 좋은 활주로를 보유한 덕분에 남극에서 위상이 높다. 남극을 오가는 사람과 물자는 프레이 기지 활주로를 거의 이용한다. 남극 여행자들이 민간 항공편과 크루즈선을 이용하기 위해 꼭 거치는 곳이기도 하다.

26) 눈보라와 안개로 시계가 하얗게 변해 원근감이 없어지는 현상.

킹 조지 섬.

GEOGRAPHIC
SOUTH POLE
ROALD AMUNDSEN
DECEMBER 14, 1911
"So we arrived and were able to plant our flag at the geographical South Pole."
ROBERT F. SCOTT
JANUARY 17, 1912
"The Pole. Yes, but under very different circumstances from those expected."
9,301 FT.

남극점

한국 ·아르헨티나·러시아·칠레·폴란드·브라질·미국 등 12개국의 기지가 있어 남극에서 가장 발달한 곳이다. 영국·아르헨티나·칠레 3국이 자기들 영토로 만들기 위해 다투는 지역이다. 러시아 벨링스하우젠 기지에는 정교회 성당과 기념품 판매소도 있다. 기념품 가격은 비싸지만 남극 방문 기념으로 하나쯤 사면 좋다.

해안에는 다양한 식물과 코끼리 물범, 웨들 바다표범, 레오퍼드 바다표범 등의 물범과 턱끈펭귄, 젠투펭귄 등이 산다.

킹 조지 섬의 자세한 지도는 1948년 영국 측량 기술자들이 만들었다고 한다. 당시 지도에 표시된 빙하가 지금은 사라져 기후 변화를 알 수 있는 좋은 자료가 되고 있다.

진정한 남극 여행의 종착지, 남극점 (South Pole)

남극 여행을 제대로 맛보려면 두 발로 남극점을 찍고 오는 것이다. 칠레 푼타아레나스에서 비행기로 남위 89도까지 간 뒤 남위 90도 남극점까지 스키를 이용해 130㎞를 걸어가는 여행 상품이 있다. 스키로 걷는 기간은 9~10일이다. 물론 영하 40도의 추위 속에 온종일 40㎏짜리 썰매를 끄는 고통이 따른다. 1시간 걸은 뒤 10분 쉬고 또 걷는다. 밤·낮 경계가 없어 눈가리개를 하고 잠을 잔다. 눈 녹인 물을 마시고 냉동식품으로 허기를 달랜다. 배설물은 눈과 함께 비닐봉지에 넣어 되가져와야 한다.

탐험가가 아닌 어느 정도 등반 실력을 갖춘 일반인도 남극점을 갈 수 있는 세상이 열린 것이다. 우리나라에서는 신발끈 여행사 장영복 대표가 2007년 처음으로 남극을 다녀왔다. 그는 전문탐험가가 아닌 사람도 갈 수 있다는 사실을 증명하기 위해 남극점을 찍고 왔다고 한다. 참가자들은 끝없는 설원을 고독하게 걸으며 공포감을 느낀다. 하지만 100여 년 전 아문센과 스콧이 걸었던 코스를 걷는다는 희열로 금방 바뀐다.

활화산과 온천이 있는 디셉션(Deception)섬

사우스 셰틀랜드 제도에 있는 말발굽 모양의 화산섬. 해안가 바닷물 속에서 솟는 온천이 있다. 남극이 얼음과 눈으로만 뒤덮여 있는 것으로 아는 세상 사람들의 상식을 뒤집는 곳이다. 1967년 이후 몇 차례의 화산폭발과 지진이 있어 산기슭 영국과 칠레 기지가 화산재에 묻혀 폐쇄된 적이 있는 활화산 지대다.

섬 남쪽 훼일즈 만에는 유황 냄새와 하얀 수증기가 솟는 검은 모래 해안이 있다. 바닷물 속 화산에서 나온 열이 모래를 데우기에 모래 속은 따뜻하다. 해안가 바닷물 온도가 위치에 따라 섭씨 45~65도다.

디셉션 섬은 바닷속 화산이 분출하면서 용암이 말발굽 모양으로 쌓여 동그란 섬이 된 곳이다. 가운데 분화구 자리에는 바닷물이 차 있고 남쪽 일부는 너비 230m로 뚫려 있다. 분화구 안쪽으로 배들이 드나들 수 있는 자연 항이다. 한라산 정상 부위가 물속에 가라앉은 모양이다.

디셉션 섬을 보노라면 자연의 오묘함이 느껴진다. 이 추운 곳에서 따뜻한 온천과 험악한 파도를 피할 수 있는 완벽한 천연 항을 보노라면 그런 생각이 든다.

1910년부터 영국이 차지한 디셉션 섬 가운데 포스트 항은 남극 중심항구로 변했다. 1900년부터 30여 년간 고래잡이와 물개사냥의 거점이었다. 제2차 세계대전 때에는 영국의 군사기지였다. 영유권을 주장하는 아르헨티나·칠레·영국이 모두 기지를 두고 있다.

이 섬은 조물주가 극한 날씨와 험한 파도를 피하라고 남극에 만들어준 선물이다. 그러나 고래잡이와 물개사냥 기지로 바뀌었던 이곳은 인간의 탐욕을 증명하는 현장이기도 하다.

디셉션(Deception)이란 이름은 자욱한 수증기로 섬이 보였다가 보이지 않았다가 하는 바람에 붙여졌다. 화산이 내뿜는 열기는 차가운 대기 속에서 수증기를 만든다. 그 수증기는 항상 섬 주변을 둘러싸고 있다. deceive(속이다, 현혹시키다)의 명사형이 섬 이름이 됐다.

그리니치(Greenwich)섬, 양키 하버

길이 1㎞쯤 되는 자갈밭 해안이 있어 고무보트가 상륙하기 좋다. 따라서 크루즈 여행사들이 관광객들을 많이 상륙시킨다. 남극의 눈과 얼음이 반길 것으로 예상한 여행자들이 실망과 신기함을 동시에 느끼는 곳.

푸른 빛 도는 빙하들이 가까이 떠 있어 빙하를 배경으로 사진 찍기가 좋다.

양키 하버 해안은 온통 자갈밭이다. 고무보트로 상륙하기가 좋아 관광객들이 붐빈다. 남극 야생동물들을 가까이서 관찰할 수 있다.

자갈이 많은 섬이다 보니 자갈밭에 집을 짓는 특성을 가진 젠투펭귄들의 집단 거주지가 있다. 젠투펭귄들은 작은 돌을 물어다가 동그랗게 도넛처럼 쌓아 놓고 그 속에 알을 놓는다. 이 섬에 젠투펭귄 8,000여 마리가 살고 있다.

젠투펭귄 서식지 가까이 접근할 수 있다. 펭귄을 배경으로 사진을 찍고, 생태도 상세하게 관찰할 수 있다.

빙하 곤충 국내서도 발견

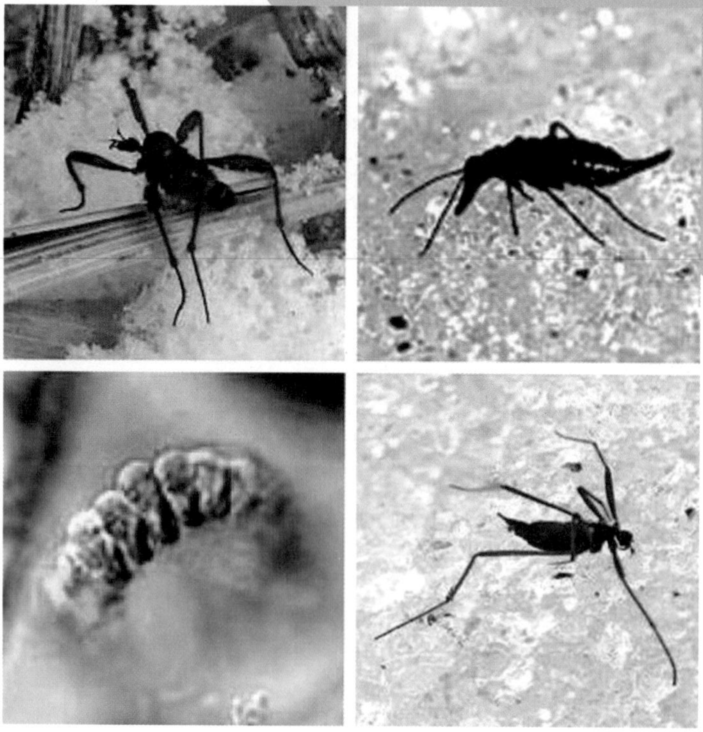

환경부 국립생물자원관은 제주대·경북대 연구팀과 공동으로 2016년 1월 전북 무주 덕유산 눈 속에서 빙하 곤충인 '눈밑들이(Boreus sp.)'를 찾아냈다.

눈밑들이는 생체 부동액 체액 덕분에 겨울에도 동면하지 않고 활동할 수 있다. 생체 부동액은 기온이 영하로 떨어지더라도 체액이 얼지 않도록 해주는 물질이다. 곤충은 체액 속의 포도당·글리세롤·시트르산·알라닌 등의 농도를 높게 유지하는 방식으로 어는 것을 방지한다. 대개 변온동물인 곤충은 겨울이면 활동이 정지되거나 죽는다. 하지만 눈밑들이는 생체 부동액 덕에 영하의 기온에도 교미 같은 생육 활동을 할 수 있다. 또 이들 곤충은 과거 빙하기 때부터 낮은 온도에서 살아남았기에 '빙하 곤충'이라고도 불린다.[27]

27) 중앙일보 2017년 1월 31일자 14면.

탐험가들의 발자취 가득한 푼타아레나스

DAP 항공은 우리 일행을 칠레 푼타아레나스 공항에 내려줬다. 2시간 만에 원시 자연에서 문명 세계로 돌아왔다. 나는 아르헨티나 우수아이아 항에서 배를 타고 들어갔다가 비행기로 푼타아레나스 공항으로 나왔다. 우수아이아를 떠난 지 5일 만이다.

우수아이아는 남극으로 가는 뱃길의 시작이고, 푼타아레나스는 하늘길의 시작이었다.

배와 비행기를 갈아타면 남미에서는 5일 만에 다녀올 수 있는 남극이다. 한국 인천공항에서 남미까지 오는 시간이 필요하지만, 생각보다 가깝다.

푼타아레나스는 역사적으로 남극과 인연이 깊은 곳이다.

아문센이 벨지카 호를 타고 첫 남극 탐험에 나섰다가 1898년 3월 귀환한 항구다. 아문

푼타아레나스 전경. 도시 앞바다를 마젤란 해협이라 부른다. 1520년 마젤란이 배를 타고 처음으로 세계 일주를 할 때 이 해협을 통과한 사실을 기념한 이름이다. 눈이 시리도록 푸른 바다와 남미 특유의 쾌청한 하늘이 특징이다.

센은 1897년 8월 벨지카 호의 일등 항해사로 벨기에 안트베르펜 항을 떠나 남극 탐험에 나섰다. 벨지카 호는 다음 해 1월 사우스 셰틀랜드 군도 근처에서 태풍을 만나 대원 1명을 잃은 뒤 그레이엄 랜드 서쪽에서 빙산에 갇혀 남극의 겨울을 보낸다. 선원들이 얼음을 톱으로 잘라 뱃길을 만드는 어려움 끝에 배를 움직여서 푼타아레나스로 돌아온다. 쇄빙선이 없던 시절의 이야기다.

남극 세종기지 대원들도 거의 푼타아레나스 공항에서 출발한다.

칠레 공군기나 민항기를 전세 내면 비행기 탑승 인원을 채우기 위해 여러 나라 사람들과 함께 떠난다. 비행기 출발시각이 정해져 있지 않다. 남극의 기상 상황에 따라 수시로 바뀌기 때문에 출발하는 날은 새벽부터 대기 상태다. 심할 경우 몇 주씩 호텔에 머무르기도 한다. 상황이 이런데도 남극 일정을 차질 없이 다녀온 나는 운이 좋은 편이었다.

푼타아레나스는 마젤란[28]의 도시다. 마젤란은 1519~1522년 약 4년간 배를 타고 지구를 한 바퀴 돌면서 지구가 둥글다는 사실을 처음으로 확인했다. 그때 통과한 항로가 푼타아레나스 앞 해협이다. 그곳을 지금 마젤란 해협이라 부른다.

그 후 유럽의 많은 배가 이 항로를 따라 대서양과 태평양을 오갔다. 파나마 운하가 뚫리기 전에는 모든 배가 푼타아레나스를 거치면서 큰 항구로 발달했다. 그러나 지금은 한적하다. 여행자들이 오가는 버스 터미널만 조금 붐빌 뿐이다.

바다를 끼고 있는 푼타아레나스에도 항구가 있다. 더 남쪽인 우수아이아까지 가지 않고도 뱃길로 남극을 오갈 수 있다. 이곳에서도 남극행 크루즈선이 떠나고 있었다. 칠레 남극연구소도 있다.

칠레는 한국과 정 반대편에 있는 나라지만 한국과의 인연은 일찍 시작됐다.

우리나라 최초의 자유무역협정(FTA)이 2004년 4월 1일 칠레와 체결됐다. 도로에는 한국산 중고 승용차가 많다. 한국서는 볼 수 없는 포니와 르망부터 최근 모델까지 달린다.

남극으로 가는 많은 한국인도 푼타아레나스를 거쳤다. 우리나라 최초로 남극 탐험을 떠났던 남극 관측탐험대(단장 윤석순, 총 17명)는 푼타아레나스를 떠나 1985년 11월 16일 킹

28) 마젤란(Ferdinand Magellan, 1480~1521):처음으로 세계 일주 항해를 한 포르투갈의 항해가. 1519년에 5척의 배와 270명 선원을 이끌고 스페인을 떠나 남아메리카 남단을 돌아 필리핀 섬에 도착한다. 이곳에서 원주민에게 피살되었으나, 남은 선원들은 항해를 계속하여 1522년 스페인에 도착한다.

푼타아레나스 성당. 성당 앞을 지나는 사람들은 머리를 숙이고 십자성호를 그을 정도로 신앙심이 깊다.

행운을 바라며 마젤란 동상의 발을 만지고 있는 관광객들. 가슴을 드러낸 여자 원주민이 힘들게 바치고 있는 대포 위에 마젤란이 두 발을 딛고 있는 모습이 애처롭다.

조지 섬 칠레 마쉬기지에 도착했다. 그날 남극 관측탐험대의 일원으로 남극 최고봉 빈슨 매시프봉 등정에 나선 등반대(대장 허욱) 7명도 푼타아레나스 공군기지에서 16인승 경비행기를 타고 남극으로 출발했다.

푼타아레나스는 남아메리카 대륙의 최남단 도시다. 더 남쪽에 아르헨티나 우수아이아가 있지만 섬에 있는 항구다. 위도를 따진다면 푼타아레나스는 남위 53도 10분, 우수아이아는 54도 48분으로 우수아이아가 더 남쪽이다. 따라서 사람이 사는 가장 남쪽 도시는 우수아이아로 보면 된다.

남미를 여행하는 사람들도 칠레를 북에서 남으로 종단한 뒤 거의 푼타아레나스에서 마무리한다. 마젤란 해협 너머에서 불어오는 차가운 남극 바람을 맞으며 여행을 끝낸다.

지금은 한적하지만 파나마 운하가 개통되기 전에는 흥청거리는 도시였다. 도시 곳곳에 옛 영화를 상징하는 고풍스러운 건물들이 당당하게 서 있다.

푼타아레나스는 칠레의 수도 산티아고에서 남으로 약 2,200㎞ 떨어져 있다. 티에라델푸에고 제도에 포함된 주(州)다. 인구는 12만여 명.

특별한 볼거리가 없는 조용한 도시라서 중심가 아르마스 광장에 서 있는 마젤란 동상을 보러 갔다. 지구를 한 바퀴 도는 항해로 둥근 지구를 확인한 탐험가로 알고 있던 그에 관한 생각이 조금 달라졌다. 마젤란 동상 앞에서 사람들은 사진을 찍었지만 나는 가슴이 아려왔다.

마젤란 동상은 남미의 슬픈 역사를 그대로 담고 있었다. 가슴을 드러낸 여자 원주민이 온 힘을 다해 떠받들고 있는 대포 위에 마젤란이 두 발을 딛고 하늘을 쳐다보는 모습이다.

마젤란 동상을 보면서 롤랑 주페 감독의 1986년 영화 '미션'이 떠올랐다. 18세기 중반 유럽인들이 남미에서 대포를 앞세워 알몸의 원주민들을 정복해가는 모습 말이다. 이 동상은 정복자인 유럽인 시각에서 만들어졌다. 남미 원주민들인 아라카르프 족과 우웰체 족은 마젤란이 다녀간 뒤 몰려온 유럽인 정복자들에 의해 멸종됐다. 이 동상은 푼타아레나스가 한창 번성할 때 지역 부호인 메넨데즈가 세웠다고 한다.

이 동상을 바치고 있는 원주민의 발을 만지면 행운이 온다는 이야기가 전해온다. 그래서 이곳을 찾는 여행자들은 원주민의 발을 만지면서 사진을 찍는다. 원주민 동상의 발은 반

푼타아레나스 도심 가로수. 마치 독일 병정처럼 다듬어 놓았다.

질반질했다. 나는 발을 만질 수 없었다. 정복자들의 억압에 죽어간 원주민들의 영혼에까지 무엇을 바라는 것은 너무 잔인하다는 생각이 들었다.

역사는 승자의 기록일 수밖에 없을까. 유럽인 입장에서 본다면 마젤란은 위대한 항해가요 개척자다. 마젤란 동상은 우리가 배운 서양사가 유럽 중심 시각에서 쓰였다는 사실을 재확인시켜 준다. 유럽이 남미를 개척하는 동안 사라져간 남미 원주민들의 슬픈 이야기를 이곳에서도 들을 수 있었다.

푼타아레나스 도시 전경을 한꺼번에 볼 수 있는 전망대로 갔다. 가는 길에 독일 병정처럼 서 있는 가로수의 독특한 모습이 눈에 띄었다. 전망대는 아르마스 광장에서 걸어서 20여 분밖에 걸리지 않았다. 마젤란 해협을 배경으로 펼쳐진 도시 전경은 아름다웠다. 남미의 하늘과 바다는 경계가 구분되지 않을 정도로 푸르고 푸르렀다.

저녁을 먹으러 식당에 갔다. 길거리는 한적했으나 식당 안은 앉을 자리가 없었다. 해가 오후 11시까지 떠 있는 곳이다 보니 이곳 사람들은 새벽까지 식당이나 카페에서 식사하고 술

푼타아레나스 카페. 밤늦도록 해가 떠 있어 새벽까지 손님들이 붐빈다.

푼타아레나스 시내 카페에서 만난 섀클턴 맥주. 그가 푼타아레나스를 거쳐 간 사실을 기념하는 맥주다.

을 마셨다. 대부분 상가와 식당, 바 등은 오후 6시 돼야 문을 열었다.

푼타아레나스에서도 펭귄을 볼 수 있다. 항구에서 배로 2시간쯤 가면 펭귄 섬이 나타난다. 이곳에 사는 펭귄들을 마젤란 펭귄이라 부른다. 12여만 마리가 땅속에 구덩이를 파고 생활한다. 배를 타고 가지 않고도 푼타아레나스 외곽 바닷가 개인농장에서도 펭귄을 볼 수 있다. 이 농장까지 안내해주는 관광회사도 있다.

푼타아레나스에도 한국 교민 두 가족이 살고 있었다. 한 가족은 칠레 현지 여성과 결혼해 정착했다 하고, 한 가족은 부자(父子)가정으로 아버지가 한국 라면 가게를 하고 있었다. 남은 가족들은 한국에 있다고 한다.

이 라면 가게는 푼타아레나스 관광안내소에서 가르쳐 줄 정도였다. 남극으로 가는 세종기지 대원들과 한국 여행자들도 거의 이곳에 들러 라면을 먹는다. 라면 가게 벽에는 온통 한글 메모로 도배되어 있었다. 이 라면 가게는 사장 가족들이 한 방송사의 프로그램에도 소개돼 꽤 유명하다. 라면을 좋아하지 않지만 "남미 끝에서 먹는 한국 라면 맛이 어떨까" 싶어 찾아간 가게는 벌써 한국 여행자들이 자리를 차지하고 있었다. 30여 분 기다리다가 비행기 출발시각 때문에 라면을 먹지 못하고 나와야 했다.

푼타아레나스에서 들러야 할 곳 하나 더 소개한다면 사라 브라운(Sara Braun) 공동묘지다. 세상에서 가장 아름다운 공동묘지로 알려져 있다. 잘 다듬어진 나무들이 묘지를 에워싸고 있어 마치 공원처럼 아늑하다. 유럽에서 건너온 목축업자 사라 브라운의 묘가 점차 커진 것이라고 한다. 그의 양 목장이 유명해지면서 그의 집이 관광명소가 됐고, 죽은 뒤 묻힌 곳이 현재의 공동묘지다.

남극의 거대한 자연 앞에서 인간 존재의 미미함을 느꼈다면 공동묘지를 찾아 죽음을 생각하는 것도 남극 여행을 의미 있게 마무리 방법이다.

이 도시의 햇볕은 유독 따가웠다. 이곳에서 발행하는 신문을 보니 오존 예보가 실려 있었다. 5가지 색으로 그날 오존 정도를 알려주고 있었다.

빨간색 예보일 때는 야외 활동을 못 한다. 외출할 때도 선글라스와 모자를 쓰도록 권한다. 남극과 가깝다 보니 남극의 오존층 훼손 피해를 가장 심하게 입고 있는 듯했다. 한국·중국 등 북반부는 황사 때문에 골치를 앓고 있지 않은가. 이래저래 지구는 병들어가고 있었다.

한국 교민이 운영하는 푼타아레나스 라면집.

한국인 관광객들이 라면가게에 붙여 놓은 메모들.

일반 여행자들의 남극 여행은 여기서 끝난다. 그러나 많은 남극 여행자들은 다시 파타고니아로 향한다. 남극서 제대로 맛보지 못한 빙하를 체험하기 위해서다.

푼타아레나스 버스 터미널. 일반적으로는 남미 여행의 종점
을 푼타아레나스로 잡기 때문에 많은 관광객이 붐빈다.

파타고니아 빙하 가운데 가장 웅장한 그레이 빙하.

02

PART

파타고니아 빙하여행

남극 여행을 마친 여행자들은 거의 파타고니아로 향한다.
빙하를 제대로 맛보기 위해서다. 남극에서는 멀리서 볼 수밖에 없었던 빙하다.
안데스산맥의 고원과 평원을 포함하는 파타고니아는 빙하 세상이다. 아르헨티나와 칠레 두 나라에 걸쳐 있는 크고 작은 빙하가 46곳. 빙하 관광을 위해서는 두 나라 국경을 드나들어야 한다. 그러나 빙하 관광객들은 국경을 의식하지 못할 정도로 출입국 절차가 간단하다.
빙하 국립공원에 가면 빙하 위를 걷고 빙하 녹인 위스키를 마실 수 있다. 빙하 유람선이 빙하 가까이 접근하면 뿜어 나오는 냉기에 온몸이 얼어붙는다.
남극 여행의 끝 지점이 또 다른 세상 파타고니아로 가는 시작이다. 남극에서 날아온 비행기가 도착하는 푼타아레나스는 파타고니아로 가는 출발점이다.
머나먼 남미까지 온 것이 아까워서라도 파타고니아로 가야 한다.

빙하 국립공원

남극의 상징은 빙하다. 그러나 빙하에 접근할 수 없다. 남극 자연환경 보호 정책 때문이다. 남극 관광객들은 멀리서 구경만 하다가 돌아간다. 우선 빙하는 바다 위에 떠 있어 고무보트로 접근하다가 자칫 사고가 날 수도 있다. 이러한 문제로 남극 관광프로그램에는 빙하를 체험하는 시간이 없다.

파타고니아에서 빙하 관광을 해야만 남극 여행이 마무리된다.

파타고니아는 남위 40도를 흐르는 콜로라도 강 이남인 남아메리카 최남단 지역을 말한다. 전체 면적은 100만 ㎢가 넘는다. 산맥 서쪽 태평양 지역은 칠레, 안데스 산맥의 광활한 고

파타고니아는 물이 흐르는 초원지대가 많아 목축하기에 좋은 땅이다. 그래서 유럽인들이 재빠르게 자기들의 땅으로 만들었다. 빙하공원으로 가는 길에 만난 양 떼.

파타고니아 초원지대에 사는 야생사슴.

파타고니아 평원을 가로지르는 도로. 끝이 안 보인다.

원지대는 아르헨티나다.

파타고니아는 빙하나 고원지대가 많아 기온이 낮고 바람이 강하다. 평원을 달리는 차가 흔들릴 정도다. 한국의 태풍 수준의 바람이 늘 분다고 보면 된다. 도로변에 뒤집혀 있는 차가 보였다. 버스 운전기사는 "경험이 많지 않으면 위험하다"고 말한다. 하지만 그는 운전 실력을 자랑하듯이 속도를 늦추지 않아 우리는 가슴을 졸여야 했다. 이러한 기후와 지리적 조건으로 목축과 천연가스 채굴업이 발달했다. 온종일 달려도 사람은 보이지 않았고, 목장에서 풀 뜯는 양들만 많이 보였다.

칠레·아르헨티나 두 나라 국경에 크고 작은 빙하 46곳이 있다. 파타고니아 빙하 면적은 남극과 그린란드 다음이다. 구글 지도를 열어보면 온통 흰색으로 표시돼 있다. 빙하는 칠레 쪽이 크고 많지만, 접근성은 아르헨티나 쪽이 좋아 빙하 관광이 번창하고 있다. 이는 칠레 쪽이 빙하기 시대 만들어진 피오르드(fjord, 峽灣)에 빙하가 많기 때문이다.

일행의 목적지는 그레이(Grey) 빙하와 페리토 모레노(Perito Moreno) 빙하다.

그레이 빙하는 칠레 토레스 델 파이네(Torres del Paine) 국립공원 안에 있다. 페리토 모레노 빙하는 아르헨티나 로스 글래시아레스(Los Glasiares) 국립공원에 있다. 두 빙하를 보려면 국경을 넘나들어야 했다.

우선 그레이 빙하를 보러 푼타아레나스에서 푸에르토 나탈레스(Puerto Natales)로 갔다. 푼타아레나스에서 북쪽으로 190㎞쯤 떨어져 있었다. 끝없이 펼쳐진 곧게 뻗은 도로를 3시간쯤 달렸다. 끝이 지평선에 닿아 있는 그 도로는 무서움으로 다가왔다. 차가 고장나면 어떡하나. 사고가 나면 환자 후송도 문제구나. 그런 걱정들이 밀려왔다. 이 나라도 119구조대 출동시간을 따질까. 쓸데없는 생각들이 떠올랐다.

그런데 이런 생각을 순간에 날려버리는 장면이 나타났다. 혼자서 자전거로 파타고니아를 횡단하는 사람들이었다. 에어컨 나오는 차 안에 앉아 있어도 여러 걱정이 밀려오는데 땡볕 아래 자전거 족들은 남극 탐험대보다 더 위대해 보였다.

푸에르토 나탈레스는 파타고니아로 가는 관문 도시다. 작은 호수 같은 바다를 끼고 있는 이 도시는 흡사 네팔 포카라를 연상케 했다. 포카라는 히말라야로 가는 길목이다. 두 도

푸에르토 나탈레스는 호수 같은 바다를 끼고 있어 아름답다.

파타고니아로 가는 관문 도시 푸에르토 나탈레스 중심가에 있는 공원.

시의 호수에 비치는 설산의 모습도 비슷했다.

도시 곳곳에는 파타고니아 트레킹족을 위한 숙소와 등산 장비 대여점들이 많았다. '장비 대여'라는 한글 간판이 걸려 있는 곳도 보였다. 한국인들이 많이 찾는다는 표징이다.

호텔에서 하루 묵은 뒤 파타고니아로 떠난다. 출발하기 전 트렁크는 호텔에 보관시킨다. 트레킹에 필요한 물품만 챙겨 가면 된다. 트레킹을 마친 뒤 이 호텔로 돌아와 하루 묵고 떠나기에 짐을 맡아 준다.

그레이 빙하로 가기 위해서는 중간 산장에 숙박하면서 사흘을 걸어야 했다. 그레이 빙하로 바로 가면 일정을 단축할 수 있지만 기왕에 온 여행이니 파타고니아를 즐기는 게 좋다.

파타고니아 속살을 볼 수 있는 'W 코스'를 잡았다. 이 코스는 W자 모양의 코스를 따라 약 80㎞를 걷는다. 빠르면 3박 4일, 천천히 걸으면 4박 5일 코스다.

우리는 3박 4일 일정이다. 토레스 델 파이네 국립공원 입구의 산장에서 하루 묵었다. 토레스 델 파이네 공원에는 퓨마, 과나코, 콘도르 등 희귀 야생동물이 산다. 유네스코가 1978년 생물 다양성 보존지역으로 지정했다.

첫날은 삼형제봉을 다녀왔다. 삼형제봉은 남봉, 중봉, 북봉의 세 봉우리로 이뤄져 있다.

가장 높은 중봉 이름은 파이네그란데. 해발 3,050m이다. 세 봉우리는 산(山)자 모양이다. 1,200만 년 전 형성된 화강암층이 빙하와 비바람에 깎여 나가면서 만들어진 자연의 작품이다. 한 사람이 사는 100년 동안 저 바위는 비바람에 겨우 1㎝나 깎였을까? 발버둥 치며 사는 우리 인생도 대자연 앞에서는 먼지 같다는 생각이 든다.

첫날 트레킹 거리는 18㎞. 지리산 칠선계곡 정도로 제법 힘든 코스였다. 정상에는 만년설을 끼고 있는 삼형제봉에서 흘러나온 물이 고인 푸른 호수가 장관이었다. 만년설이 녹은 한 두 방울이 수만 년 모여 만들어진 산정호수다. 만년설에서 불어오는 바람이 너무 차가워 바로 맞을 수 없었다. 호숫가에 비박(Bivouac) 캠프 자리가 많았다. 비박 캠프는 돌을 쌓아 바람을 피하도록 해놓았다. 이 비박 캠프는 삼형제봉 암벽을 오르는 등반가들이 쌓아 둔 것. 변덕스러운 파타고니아 날씨를 피해 등반 타이밍을 기다리는 곳이다. 그들은 비박 캠프 위에 텐트 플라이를 치고 비바람을 피하며 밤을 새운 뒤 새벽 등반에 나선다. 우리는 운 좋게 비박 캠프를 한곳을 차지해 찬바람을 피하며 점심을 먹을 수 있었다.

토레스 델 파이네 국립공원 입구. 트레킹족들이 표를 사기 위해 길게 줄을 서 있다.

공원 입구에서 멀리 보이는 토레스 델 파이네 국립공원의 상징인 삼형제봉.

토레스 델 파이네 공원 입구에서 트레킹 출발지점까지 차로 이동한 뒤 트레킹을 시작한다.

돌을 쌓아 만든 비박 캠프. 암봉 등반을 준비하는 클라이머들이 비바람을 피하면서 등반타이밍을 기다리는 곳이다.

삼형제봉 빙하에서 녹아내린 물이 만든 산정호수.

첫날은 아침에 출발했던 토레스 산장으로 다시 돌아와 하루 더 묵은 뒤 둘째 날 노르덴스크홀드 호수를 따라 온종일 걸었다. 호수 경관이 아름답고 길도 평탄했다. 짐은 포터를 고용해서 먼저 보냈다. 공원 규정상 포터 한 명에게 지울 수 있는 짐 무게는 15kg. 포터 하루 인건비는 80달러다. 일반적으로 포터 한 명을 두 사람이 고용하기 때문에 짐 7.5kg에 40달러만 부담하면 된다. 무게가 15kg을 초과하면 추가 비용을 내야 한다. 무게 제한은 엄격하다. 가이드들이 저울로 짐 무게를 측정한다. 포터를 보호하기 위해서다. 나는 짐 7.5kg을 사흘 동안 맡겨서 120달러를 부담했다. 포터들이 고마웠다. 그들이 없었다면 트레킹을 포기했을지도 모르기 때문이다.

포터들은 토레스 델 파이네 아랫마을에 사는 대학생이나 청년들이었다. 무거운 짐을 지고 며칠씩 걷지만 표정들은 밝았다. 파타고니아의 평화스러운 기운이 그들의 얼굴에 깃들여 있었다.

트레킹 내내 배낭 무게를 줄이려고 애쓰는 나날이었다. 한국에서 출발할 때는 필요하다고 생각해서 이것저것 챙겨 왔으나 필요한 물건은 장소와 시간대별로 바뀌었다. 버리자니 나중에 필요할 것 같아 이러지도 저러지도 못하는 고민이 이어졌다. 그 짐은 내 욕심의 무게였다. 그 욕심 버리려고 시작한 여행이지만 욕심 속에서 헤어나지 못하고 있었다.

이 호수를 처음 발견한 스웨덴 빙하학자 오토 노르덴스크홀드를 호수 이름으로 정했다. 그가 이 호수를 발견한 것은 불과 100여 년 전. 그만큼 파타고니아는 외부에 잘 알려지지 않았고, 세계에서 관광객들이 몰려들기 시작한 지도 오래되지 않았다.

이 호수도 파타고니아 원주민들이 조상 대대로 살아온 터전이었다. 유럽인들이 겨우 100년 전에 첫 발견이라고 떠들 뿐이다. 유럽인들이 호수 이름을 짓기 전에 원주민들이 부르는 이름이 이미 있었을 것이다. 호수 빛은 옥색이다. 파타고니아 지역 빙하에서 흘러나온 물이 만든 색이다.

트레킹 코스는 말이 다니는 길과 사람이 다니는 길로 구분돼 있었다. 왕복 2차로인 셈이다. 말은 환자나 물자를 운반한다. 물론 걷기 싫은 트레킹족들도 비싼 비용을 지급하고 이용한다. 그러나 지구 끝까지 걷는 행복을 느끼러 온 트레킹족들은 말을 타지 않는다. 다리를 다친 사람들만 간혹 이용할 뿐이다.

토레스 델 파이네를 트레킹 하는 동안 우리 일행의 짐을 날라준 포터들. 아랫마을에 사는 청년들로 표정이 밝았다.

국립공원 이정표는 나무의 질감을 살려 자연스럽다.

사람과 말이 서로 다른 길을 가도록 구분하고 있는 이정표. 말발굽 표시 쪽으로 말들이 다니고, 발자국 표시 쪽으로 사람이 다닌다.

토레스 텔 파이네 국립공원은 말을 타고 둘러볼 수 있다. 말 트레킹은 주로 노약자나 부상자들이 이용한다.

설산과 푸른 숲을 동시에 만나는 토레스 델 파이네 국립공원 트레킹은 지구별에서 가장 아름다운 트레킹 명소다.

빙하 녹은 물이 모인 노르덴스크홀드 호수는 옥색이다.

노르덴스크홀드 호숫가에 자리 잡은 로스쿠에르노스 산장.

로스쿠에르노스 산장 데스크. 예약하지 않으면 침대를 구하기 어렵다.

"안녕" "감사" 두 마디만 해도 행복한 여행

트레킹 이틀째 노르덴스크홀드 호수를 따라 11㎞를 걸은 뒤 로스쿠에르노스 산장에서 야영했다. 산장 내에 묵을 곳이 없어 텐트에서 잤다. 나무 데크 위에 쳐 놓은 텐트는 땅의 냉기를 막아 줬다. 날이 서서히 저물면서 파타고니아 하늘의 별이 보이기 시작했다. 멀리 노르덴스크홀드 호수에도 별이 떠 있었다. 오염물질이라고 전혀 없는 남극 가까운 무공해 하늘에서 반짝이는 별은 아름다웠다. 우리는 TV와 스마트 폰에 눈을 빼앗겨 하늘 한번 쳐다보지도 못하고 살았구나. 데크에 앉아 별을 실컷 보다가 새벽에 텐트로 들어갔다.

산장은 가파른 언덕에 자리잡고 있어 크게 지을 수 없는 여건이었다. 그러니 성수기에는 잠자리가 부족했다. 예약하지 않으면 비박을 할 수밖에 없다.

파타고니아를 걸으면서 칠레정부가 자연훼손을 최소화하려고 노력한다는 사실을 알 수 있었다. 등산로 안내표지판도 나무판에 인두로 지져서 지도를 그리고 글씨를 썼다. 페인트를 전혀 사용하지 않았다. 등산로가 험악해도 나무다리와 나무 난간 같은 최소한의 시설만 해 놓았다. 나무가 썩으면 다시 교체하는 식이었다. 우리나라 국립공원처럼 철제 사다리와 페인트칠한 나무 데크를 산꼭대기까지 설치하지는 않았다.

미국 등산 브랜드 '파타고니아'가 있다. 국내에도 매장이 있다. 이 등산 브랜드는 100% 유기농 순면만을 사용한다. 살아 있는 거위나 오리, 사료를 강제로 먹여서 기른 거위에서 얻는 다운은 사용하지 않는다. 플라스틱을 재활용해서 만든 폴리에스터를 사용한다. 훼손된 의류는 생명이 다할 때까지 수선해 준다. 북미에서는 연간 4만 벌을 수선할 수 있는 공장을 갖고 있다. 전 세계 매장의 직원들은 옷을 직접 수선할 수 있도록 바느질 교육을 받는다. 제품 40여 가지의 수선법을 홈페이지에 공개하고 있다. 회사 매출의 10%를 환경단체에 기부하는 것으로도 유명하다. 창업자 이본 쉬나드가 1957년 캘리포니아 버뱅크에 있는 아버지 집

로스쿠에르노스 산장 야영 텐트. 파타고니아 밤하늘의 별을 보며 잠들 수 있는 지구에서 가장 좋은 잠자리다.

계곡에 세워진 소박한 나무다리. 두 사람 이상 건너지 못하게 하는 안내문이 붙어 있다. 트레킹족들은 건너편에서 사람이 오면 기다린다.

파타고니아의 트레킹 코스 주변에는 꽃들이 무성하다.

파이네그란데 산장 야영장. 젊은 트레킹족들은 산장 내 침상보다 야영장을 선호한다. 한국은 겨울이지만 이곳은 우리나라 봄·가을 날씨라 야영하기 좋다.

토레스 델파이네 국립공원 안에서 가장 크고 시설 좋은 파이네그란데 산장.

파이네그란데 산장 주변을 산책 중인 노부부 트레커의 모습이 아름답다.

뒷마당에서 등산 장비를 만들기 시작한 것이 출발이었다. 이 등산 브랜드 '파타고니아'의 기업 철학이 파타고니아에서 영향받았음을 이곳에 와서야 알았다. 인공적인 영향력을 최소화하는 것이 가장 자연과 가까운 길이다.

로스쿠에르노스 산장에서 야영한 뒤 사흘째 날은 파이네그란데 산장에서 묵었다.

이 산장은 토레스 델 파이네 국립공원 안에서 시설이 가장 좋다. 야영장도 넓었다. 트레킹족들이 파타고니아의 품을 즐기기에 안성맞춤이었다.

트레킹 내내 만나는 트레커들과 "올라(Hola, 스페인어로 안녕)"라며 인사했다. 길이 비좁아 비켜서 기다려 주면 환한 미소와 함께 "그라씨아스(Gracias, 감사합니다)"라는 답변이 돌아왔다. 온종일 '안녕'과 '감사' 두 마디만 해도 행복했다. 그렇게 두 단어만 실컷 나눈 지 나흘 만에 그레이 빙하를 만날 수 있었다.

그레이 빙하로 가는 길에는 시커멓게 탄 채 쓰러진 고목들이 보였다. 2011년 12월에 일어난 산불 현장이었다. 당시 트레커가 버린 담배꽁초로 화재가 발생해 1주일 동안 산불이 계속됐다. 트레커 한 명과 산불을 진화하던 소방대원 6명 등 7명이 숨졌다고 한다. 이 산불로 파타고니아의 아름다운 산림 4만 5000㏊가 불타고 많은 이재민이 발생했었다. 빙하를 볼 수 있다는 기대감에 들떠 열심히 걷던 내 앞에 나타난 시커멓게 탄 숲은 의외였다. 파타고니아까지 찾아오는 트레커들의 수준이 이 정도밖에 되지 않는가. 가슴 떨리도록 아름다운 대자연 앞에서 담배를 피우다니. 앞으로 많은 탐방객이 몰려오면 훼손은 더 심해질 것 같았다.

하루 입산자 수를 정해놓고 사전예약을 받아 통제하는 날이 머지 않았다는 생각이 들었다.

휴식 중인 트레커들. 다양한 국적과 피부색을 가졌지만 서로 배려하면서 트레킹을 한다.

트레킹 동안 점심은 아침 출발할 때 산장에서 받은 빵으로 해결한다. 우리나라 빵과는 달라 맛이 없었다.

2011년 토레스 델 파이네 국립공원에서 산불이 발생한 뒤
공원 관리사무소는 산불 진화 헬기를 대기시켜 놓고 있다.

화재로 시커멓게 타 버린 토레스 델 파이네 국립공원. 산불
이 발생한 지 오래됐지만 참혹하다.

수만 년 빙하 물을 마시다

빙하 쪽으로 가까이 갈수록 비바람이 불고 날은 흐렸다. 빙하 물이 녹아 내려 만들어진 회색 호수에는 유빙들이 떠다녔다. 오후에 빙하 관광선인 '그레이 2호'에 올랐다. 이 배는 쌍동선(雙胴船, catamaran)이어서 부두가 없어도 뱃머리를 해안가 자갈밭에 접안시킬 수 있었다. 높은 엔진소리를 내며 전·후진을 몇 차례 한 뒤에야 사다리를 내렸다. 배도 파타고니아 자연환경을 훼손하지 않도록 설계됐다.

빙하를 보려고 뱃머리에 나가 있으니 배가 빙하에 다가갈수록 냉기가 뼛속까지 파고들었다. 수만 년 쌓였다가 품어 나오는 냉기는 세상 모든 것을 얼어붙게 할 기세였다. 남극 빙하는 옥색이었지만 그레이 빙하는 회색과 옥색이 뒤섞인 빛이었다. 햇빛에 반사되는 각도에 따라 다르게 보였다. 산 계곡에서 호수 쪽으로 흘러 내려온 그레이 빙하의 끝자락은 호수 위에 떠 있었다. 그레이 빙하는 파타고니아 지역 여러 빙하 중에서 가장 아름다웠다.

배 갑판에서는 빙하 얼음을 넣은 피스코 사워(Pisco Sour)를 한 잔씩 나눠줬다. 피스코 사워는 칠레국민들이 즐겨 먹는 음료로 얼음을 채운 잔에 레몬주스나 설탕 시럽을 넣었다. 한 모금 마시니 장기가 얼어붙는 듯했다.

빙하관람이 끝난 뒤 배에서 내렸다. '모세의 길' 처럼 회색 호수 가운데를 가로지르는 자갈밭을 30여 분 걸었다. 빙하에서 불어오는 바람이 얼마나 드센지 사람이 날아갈 지경이었다. 빙하가 뿜는 냉기와 따뜻한 공기가 뒤섞이면서 대류 현상이 빚어내는 바람이다.

다시 버스를 5시간쯤 타고 아르헨티나 엘 칼라파테(EL Calafate)로 향했다. 모레노 빙하를 보기 위해서다.

칠레와 아르헨티나 국경을 넘었다. 국경은 두 나라 국기가 나란히 걸려 있는 검문소와

빙하 관광선인 그레이 2호에 관광객들이 타고 있다. 이 배는
쌍동선으로 부두 없는 해안에 쉽게 댈 수 있도록 설계돼 있다.

그레이 빙하에 접근하는 빙하 관광선 위에서 관광객들이 냉기를 이기느라 옷을 두껍게 입고 있다.

빙하를 보고 선실로 돌아오면 빙하 얼음을 넣은 음료수 '피스코 사워'를 한 잔씩 마신다.

빙하관광을 마친 관광객들은 그레이 호수 가운데로 난 '모세의 길' 같은 자갈밭을 따라 버스 타는 곳까지 걷는다.

아르헨티나 엘 칼라파테로 가는 길에 있는 국경 출입국관리소.

가게뿐이었다. 파타고니아 관광객들로 붐비는 한적한 시골 마을이었다. 한국 사람들은 국경이라면 무장군인과 철조망을 떠올린다. 휴전선 철조망을 경계로 남북이 긴장하며 살아온 탓에 국경이라는 관념이 그렇게 굳어졌다. 휴전선이 국경은 아니지만 우리는 국경보다 더 강한 경계로 인식하고 있다.

이곳의 국경은 한국의 중소기업 정문 같았다. 경비실 같은 출입국관리소에서 여권에 스탬프를 찍고 타고 온 차에 다시 올라 통과하면 됐다. 두 나라 국경 구분은 차단기뿐이었다. 우리 버스 기사는 직접 이 차단기를 밀어내고 통과했다. 차단기를 관리하는 직원이 따로 없었다.

두 나라 국경에 있는 가게는 간단한 음식과 기념품, 지도, 책 등을 팔았다. 칠레 민속 모자와 티셔츠를 입은 점원은 카메라를 들이대자 익살스러운 표정을 짓는다. 넉넉한 자연의 품에서 살아온 여유가 보인다.

카메라를 들이대자 익살스러운 표정을 짓는 국경 가게 직원.

엘 칼라파테는 아르헨티나 국기 디자인 아이디어를 얻은 곳이다. 엘 칼라파테 주변의 아르헨티노(Argentino) 호수의 옥색 물빛과 호수 뒤 하얀 설산을 국기 바탕색으로 잡았다. 아르헨티나 국기는 하늘색, 흰색, 하늘색으로 3등분 된 가로줄 무늬 바탕 가운데에 32줄기의 햇살을 가진 5월의 태양이 그려져 있다.

엘 칼라파테에서 모레노 빙하를 가려면 여행사를 찾아가 예약하면 된다. 표를 끊으면 여행사 전용 버스를 이용할 수 있다. 일반 버스는 엘 칼라파테 버스터미널에서 하루 두 차례 출발한다. 엘 칼라파테에서 하루를 묵은 뒤 모레노 빙하로 향했다. 버스로 72㎞를 이동하는 동안 펼쳐지는 파타고니아 풍광은 지루할 틈이 없었다.

빙하 국립공원 안에는 페리토 모레노(Perito Moreno), 스페가찌니(Spegazzini), 웁살라(Upsala) 등 3곳의 빙하가 있다. 국립공원 입장료는 260페소(약 6000원). 국립공원 직원이 버스 위에 올라와서 입장권을 팔기 때문에 하차할 필요가 없다.

페리토 모레노 빙하는 세계 문화유산에 등재된 곳으로 접근성이 좋고 아름답다. 스페가찌니 빙하 벽 높이는 평균 80~135m로 파타고니아에서 가장 높다. 웁살라 빙하는 표면적 595㎢, 길이 60㎞로 남아메리카에서 가장 크다. 부산시 면적보다 조금 적다. 웁살라 빙하 이름은 1908년 스웨덴 웁살라 대학이 이 빙하를 조사한 것을 기념해서 이름을 지었다. 1953년 빙하 속에서 사는 아이스 웜(Ice Worm)이라는 '빙하 벌레'가 발견되면서 유명해졌다. 차가운 빙하 속에서 생물이 살고 있다는 사실은 당시 학계에서 큰 이슈가 됐다.

스페가찌니 빙하와 웁살라 빙하는 배를 타고 가야 하므로 여행사를 통해 예약해야 한다. 모레노 빙하만 육지에서 볼 수 있다.

페리토 모레노 빙하로 갔다.

모레노 빙하는 주차장에서 바로 볼 수 있을 정도로 접근성이 좋았다. 파타고니아를 처음으로 탐험한 아르헨티나 탐험가 모레노를 기리기 위해 이름을 붙였다. 탐방로를 따라가니 빙하의 위용이 드러났다. 빙하 규모는 너비 5㎞, 길이 35㎞, 표면적 195㎢로 경기도 수원시 면적보다 크다. 기후 온난화로 빙하가 무너져 내리는 천둥 같은 소리를 자주 들을 수 있다. 빙하의 상류인 안데스 산맥에서 눈과 얼음이 쌓이면서 하류 쪽으로 하루 40㎝쯤 밀어낸다.

모레노 빙하는 탐방로가 잘 깔려 있다. 차에서 내리면 바로 탐방로 입구일 정도로 접근성이 좋다.

모레노 빙하 가까이 갈 수 있는 빙하 관광선도 있다.

이 현상을 놓고 사람들은 빙하가 자란다고 말한다. 온난화는 지구 곳곳에서 특이한 현상을 만들어내고 있었다.

빙하 국립공원에서는 투어 회사들이 모레노 빙하를 체험할 수 있는 다양한 프로그램을 운영하고 있다. 빙하 주변을 보트로 돌아보는 보트 투어, 빙하 위를 4시간 걷는 빅 아이스 트레킹, 2시간 걷는 미니 빙하 트레킹 등이 마련돼 있었다. 빅 아이스 트레킹은 50세, 미니 빙하 트레킹은 65세 이상은 참여할 수 없다. 하지만 여권 검사를 하는 것이 아니어서 명단에 제한 나이 이하로 적으면 통과됐다.

배를 타고 모레노 빙하로 다가간 뒤 내려서 숲길 탐방로를 30여 분 걸었다. 빙하 트레킹 코스 입구에서 아이젠을 착용한 뒤 빙하 가이드의 설명을 들었다.

빙하를 오를 때는 두 발을 45도로 비스듬히 하고, 내려올 때는 무릎을 약간 굽히고 체중을 몸 뒤쪽으로 옮기라고 했다. 넘어졌을 때 일어나는 법, 작은 크레파스를 넘는 법도 설명했다.

관광객들이 빙하 가이드의 안내를 받아 그룹별로 트레킹을 시작했다.

가이드가 무리 앞뒤로 한 명씩 서고 위험지역에서는 미리 한 명이 대기하며 안내했다. 사진 찍느라 코스를 벗어나니 발자국 떼기가 힘들었다. 트레킹 코스는 이미 많은 사람이 걸으면서 다져 놓았지만 코스가 아닌 곳은 아이젠이 깊이 박혀 빼기가 힘들었다. 빙하가 뿜는 냉기가 너무 차가워 옷차림을 두껍게 해야 했다.

빙하 녹은 물이 흐르면서 생긴 작은 크레파스는 며칠 만에 틈새가 벌어지면서 큰 크레파스로 변해갔다. 남극 탐험대들이 크레파스를 두려워하는 이유를 알 수 있었다. 하지만 가까이서 본 크레파스에서는 신비감을 띤 푸른빛이 뿜어져 나오고 있었다. 인간이 만든 물감으로는 표현할 수 없는 색이었다.

아르헨티나는 빙하를 관광자원으로 잘 활용하고 있었다. 모레노 빙하가 있던 국립공원 지역은 원래 목장이었다. 소를 자연에 풀어주고 빙하 관광지로 만들었다고 한다. 목축업보다 관광 수입이 엄청나다는 것을 증명하고 있었다.

중위도에 사는 우리에게 빙하는 낯설다. 남극에서는 쳐다볼 수밖에 없었던 빙하였다. 파타고니아에서 빙하 위를 걷고, 빙하 녹은 물을 마시고 나니 빙하에 대한 갈증이 조금 풀렸다. 남극 여행을 파타고니아에서 마무리해야 하는 이유다.

빙하 가이드의 안내를 받으며 관광객들이 빙하를 오르고 있다.

모레노 빙하를 트레킹 하는 관광객들.

단체 관광객이 모레노 빙하 앞에서 셀카를 찍고 있다.

빙하 트레킹은 대자연 속에서 초라한 인간의 존재를 깨닫는 시간이다.

고개를 숙이고 걸어야 안전하다.

빙하 위를 걷는 법을 가르쳐 주는 빙하 트레킹 가이드.

빙하 트레킹을 마치면 빙하 얼음조각을 녹인 위스키를 나눠준다.

남극 여행 준비물

방한모와 장갑,선글라스로 무장한 남극프로그램 진행자.

일반 여행자 신분으로 남극 여름인 12월~이듬해 2월까지 여행할 때 필요한 준비물이다. 옷차림은 한국의 서울 추위를 견딜 정도면 된다. 외투와 방한모, 장갑, 내의, 두꺼운 양말을 챙겨야 한다. 추위를 타는 사람은 핫 팩(hot pack)을 가져가면 좋다. 드레이크 해협을 건널 때 멀미약이 필요하다. 크루즈선 의료실에서 구할 수 있지만 가져가면 편리하다.

선글라스와 선크림은 꼭 챙겨야 한다. 남극 하늘은 오존층이 뚫려 있어 자외선이 강하다. 선글라스는 자외선을 100% 차단할 수 있는 게 좋다.

세종기지의 전재규 대원 흉상. 첫 쇄빙선 아라온호는 고 전재규 대원이 숨지는 사고 뒤 2009년 건조했었다.

03
PART

남극도 우리 땅

– 전쟁터 같은 남극서 펼친 한국의 진출 과정

한일합병조약이 체결된 1910년 8월 22일. 그로부터 약 3개월 뒤인 11월 29일 일본 도쿄 항에서는 남극 탐험을 떠나는 카이난마루(開南丸) 호 환송식이 열렸다. 이 배는 돛대 3개에 증기기관이 달린 204t의 남극 탐험선. 대원 27명을 태운 이 배의 탐험 대장은 시라세 노부(白瀨 矗, 1861~1946). 아시아 최초의 남극 탐험대였다. 대한제국이 일본의 식민지가 되던 그해에 일본은 남극까지 진출한 것이다. 우리는 1910년이 치욕의 해였지만 일본국민들에게는 해양강국이라는 자긍심을 심어준 해였다. 남극 탐험사를 뒤지다가 두 장면이 비교되면서 울분이 치솟았다. '역사를 잊은 민족에게 미래는 없다'라는 말이 있다. 두 번 다시 이런 역사가 반복되지 않도록 우리는 남극에 관심을 가져야 한다. 남극조약에 따라 금지된 남극의 자원개발이 2048년 이후에 시작된다면 남극은 전쟁터로 변할 것이다. 우리가 남극에 대해 많이 알고 준비를 해야 하는 이유다. 한국의 남극 개척과정을 알아보고 앞으로 우리가 남극에서 어떤 역할을 해야 하는지를 모색한다. 우리가 가서 많이 밟을수록 우리 땅이 된다.

한국인이 남극에 첫발을 디딘 해는 1963년

한국인으로 남극에 첫발을 디딘 사람은 고 이병돈(1928~1995) 박사로 1963년이었다. 남극을 연구하는 유학생 신분이었다.

이 박사는 미국 텍사스 A&M 대학교 박사과정 유학 시절에 미국·아르헨티나 정부의 남극 공동학술조사단 연구원으로 남극에 갔다. 아르헨티나 해군 조사선 카피탄 카네파호를 타고 그해 3월 6일 남극반도에 있던 아르헨티나의 에스페란사(Esperanza) 기지에 첫발을 디뎠다. 그는 그해 9월과 이듬해 7월에도 남극에 들어가 연구했다. 킹 조지 섬 북쪽의 드레이크 해협에 서식하는 동물플랑크톤의 분포에 관한 연구로 박사학위를 받고 1965년 11월 귀국했다.

그는 부산 수산대(현 부경대) 교수, 한국과학기술연구소 부설 해양개발연구소(한국 해양연구원의 전신) 소장을 거쳐 1992년부터 3년 동안 동의대 총장을 지냈다.

이 박사의 남극 연구에 대해 아들인 이인섭 동의대 교수는 "아버지는 1959년 내가 태어난 지 6개월 됐을 무렵 네 자녀와 어머니를 남겨 둔 채 미국에 유학 가셨다"며 "6·25전쟁 후 먹을 것이 없어 굶주렸던 조국의 식량 문제를 해결할 목적이었다"고 말했다.[29]

연구실의 이병돈 박사.

우리나라가 공식적으로 남극 탐험에 나선 것은 1985년 11월 6일 김포공항을 떠난 한국해양소년단 남극 관측 탐험대(단장 윤석순) 17명(킹조지섬 팀 7명, 빈슨매시프 등반팀 10명)이다. 이들은 11월 16일 남극 킹 조지 섬에 있던 칠레 마쉬 기지에 도착해 12

29) 국제신문 2014년 2월 23일자 2면.

이동화 대표가 1985년 남극 관측 탐험 당시 사용했던 태극기를 보여주고 있다. (출처: 중앙일보 송봉근 기자)

월 10일까지 남극 탐험을 했다.

이 박사는 이보다 22년 앞서 남극에 첫 발을 디뎠다.

1985년 남극 관측 탐험대원으로 갔던 이동화 남경엔지니어링 토건 대표는 당시 사용했던 태극기와 탐험대 깃발, 식물화석, 일기 등 20여 점 등을 보관하고 있다가 2014년 말 국립 해양박물관에 기증했다.

1985년 사용했던 한국 남극 관측 탐험대 한국 해양 소년단 연맹기.

추운 남극에 모기가 살까?

이동화 대표가 1985년 남극 베이스 캠프 텐트에서 잡아 보관해 온 모기.

영하 40도를 오르내리는 남극에 모기가 산다. 거짓말 같지만 사실이다.

모기는 일반적으로 물 위에 알을 낳는다. 알은 며칠 만에 부화하여 유충을 거쳐 탈피하면 번데기가 된다. 번데기는 물속에서 3일 지나면 성충이 된다. 모기 번식에는 물웅덩이가 필수적이다.

남극 여름철(11~이듬해 2월)에는 얼음이 녹아 물이 고인 곳이 많다. 이 무렵 남극반도처럼 비교적 따뜻한 곳의 온도는 영상을 기록할 때도 있다. 모기들이 번식하기 좋은 시기다. 모기 암컷만 산란기에 피를 빤다. 우리나라도 겨울에 모기가 있는 것을 보면 이해할 수 있다.

실제 1985년 남극 관측탐험대원으로 갔던 이동화 남경엔지니어링 토건 대표는 베이스 캠프에서 모기를 잡았다. 텐트 안을 앵앵거리며 날아다니는 모기가 신기했다고 한다. 그는 잡은 모기를 밀봉한 채 보관해 오다 2014년 말 국립 해양박물관에 기증했다.

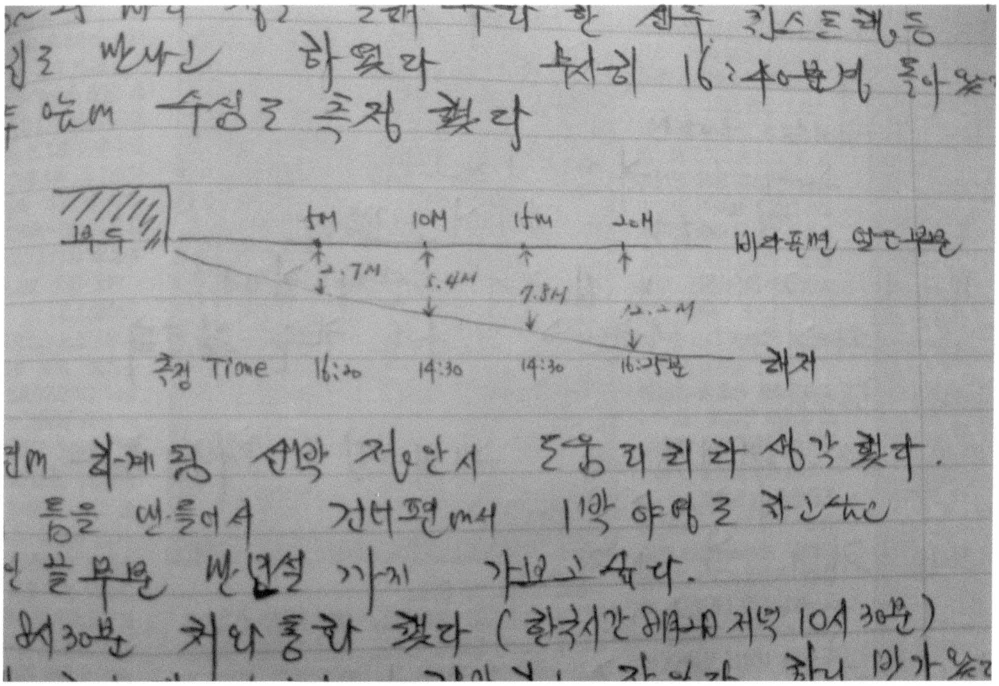

1985년 남극 관측 탐험대원으로 갔던 이동화 남경엔지니어링 토건 대표가 쓴 일기. 남극 수심을 측정한 결과를 그림으로 그렸다.

우리나라의 남극점 첫 도달은 1994년 1월 10일 허영호 대장 등 4명으로 구성된 한국 남극점 탐험대가 해냈다. 전진기지인 패트리어트 힐(남위 80도)을 1993년 11월 29일 출발한 지 44일 만이었다. 탐험대는 중간보급을 받지 않고 1,400km를 걷거나 썰매를 타고 남극점에 도착했다. 이는 영국·이탈리아·일본에 이은 4번째 기록. 중간보급 없는 탐험은 탐험 기간 먹을 식량을 싣고 가야 하므로 훨씬 어렵다.

2004년 1월 12일에는 박영석 대장이 이끄는 5명의 한국원정대가 남극점에 도달했다. 동아일보사가 후원한 원정대는 2003년 11월 30일 원정을 시작한 지 44일 만에 남극점을 찍었다.

그 후 박 대장은 2005년 4월 30일 북극점에 도달함으로써 세계에서 처음으로 산악 그랜드 슬램[30] 달성으로 기네스북에 올랐다.

30) 히말라야 8,000m급 14봉과 세계 7대륙 최고봉, 남극점과 북극점을 모두 정복하는 것.

한국인이 일반 여행자로 남극점에 첫발을 디딘 경우는 장영복 신발끈 여행사 대표다. 그는 영하 30도의 추위 속에 스키를 신고 무게 60kg의 썰매를 끄는 하루 10시간의 강행군 끝에 2007년 남극점을 찍었다. 잠은 텐트에서 자고, 포댓자루에 용변을 보며 한 달 만에 남극점을 찍었다. 허영호·고(故) 박영석 씨 이후 세 번째로 남극점을 밟은 한국인이다.

세계 여러 나라를 여행해 본 그는 가장 인상적인 여행지로 남극을 꼽았다. 그는 남극을 여섯 번 다녀왔다.

그는 극지방 여행을 하는 이유에 대해 이렇게 말했다.

"인간의 손을 타지 않은 자연이 아름답기 때문이다. 그리고 겸손해지기 위해서다. 남극이나 북극 등 원시 자연을 만나면 내가 지구에 사는 작은 생명체에 불과하다는 것이 명확해진다."[31]

남극점 도착 기준으로 본다면 우리나라는 아문센보다 82년 늦었다. 하지만 시간이 정지된 듯한 '하얀 대륙' 남극에서 시간 계산이 무슨 의미가 있을까. 5,500만 년~6,500만 년의 역사를 품은 남극 대자연 앞에서 100년도 안 되는 숫자가 뭐 그리 대단한 의미가 있을까.

우리나라는 1986년 남극조약에 가입한 뒤 1988년 2월 남극반도 킹 조지 섬에 세종과학기지를 세웠다. 세종기지는 전체면적 4,318㎡(1,306평) 규모다. 세종기지 건립 당시 한국은 남극에 상주기지를 운영하는 18번째 나라였다. 13명의 적은 인원으로 출발했지만 이후 인터넷 개통(1999년), 생활동 신축(2009년)을 하며 규모를 늘렸다. 2018년에는 재건축·보수보강을 통한 신축연구동을 준공했다. 준공 후 지금까지 31차에 걸친 월동연구대 450여 명을 포함해 총 3,000여 명의 연구·조사단이 세종기지를 방문했다.

2014년 2월에는 남극대륙 로스 해안 테라노바 만에 두 번째 장보고 기지를 준공했다. 세종기지 건설 이후 24년 만이다. 16채 건물로 전체면적 4,458㎡(1,348평)에 이른다. 겨울철에는 15명이 상주한다.

두 기지에는 다른 나라 연구기관에서 온 과학자 60~80명이 연구 활동을 함께 한다.

장보고 과학기지(남위 74도)는 세종기지(남위 62도)보다 남극 중심에 더 가깝다. 이로써 세계에서 남극에 두 곳 이상의 기지를 보유한 국가는 한국을 비롯하여 미국, 영국, 중국 등

31) 중앙일보 2017년 8월 11일자 21면.

10곳뿐이다.

남극조약 가입 3년 뒤 1989년 남극조약 협의 당사국(ATCP)의 자격을 획득했고, 남극 과학연구위원회 정식 회원국이 되었다. 남극조약 협의 당사국은 남극조약 가입국 중 의사결정에 참여할 수 있는 국가 지위다. 남극 관련 연구실적 등이 있어야만 참여할 수 있다.

세종기지는 세계기상기구 정식관측소로 등록됐다. 주변에 있는 펭귄 서식지를 남극조약에 특별 보호구역으로 신청해 2009년부터 우리나라가 관리하고 있다. 2006년 남극 운석 연구를 시작해 200여 개의 운석을 수집, 세계 5번째 남극 운석 보유국이 되었다.

2018년은 한국이 남극에 세종기지를 세운 지 30주년이 되는 해였다. 세종기지의 괄목할 연구성과는 2003년 '불타는 얼음'이라 불리는 미래자원 가스하이드레이트 매장지역을 발견한 일이다. 국내 천연가스 연간소비량(약 3,000만t)의 200배 규모다. 국제협약에 따라 2048년까지 개발이 제한돼 있지만, 남극에서 땅따먹기 경쟁이 벌어지면 우리가 유리한 위치를 차지할 수 있다. 중국, 일본은 자국 영해 내 가스하이드레이트를 발굴해 상용화 작업을 진행 중이다.

남극 시대를 연 크릴 시험조업

1978년 12월 7일 부산항. 남빙양 어장 조사와 크릴(krill)잡이를 위한 남북호(5,549t)가 성대한 환송식을 열고 남극으로 떠난다. 남북호는 당시 조양상선 그룹이 원양어업에 진출하기 위해 설립한 남북수산이 새로 건조한 트롤어선. 일본에서 건조한 이 배는 극지 조업은 물론 수산물 저장과 가공을 할 수 있는 첨단 원양어선이었다. 배 이름은 당시 열렸던 남북적십자 회담을 기념하기 위해 지었다.

당시 바다를 접한 세계 여러 나라가 200해리 배타적 경제수역을 잇달아 선포하고 있었다. 조업 구역이 줄어들자 우리 수산업계가 새 원양어장 개발에 나선 것이다.

200해리 해양 분점 시대를 맞으면서 세계 오대양 중에서 남빙양만 미 개발해역으로 남아 있었다. 그곳은 인류가 지금껏 맛보지 못한 수산자원이 넘치는 신비한 바다였다.

남극 크릴은 남극 새우로 알려졌지만, 아가미가 밖에서 보이고 물에 떠서 생활하는 새우와는 다른 동물성 플랑크톤이다. 길이 5cm까지 자라는 크릴은 남극해에서 먹이 사슬의 가장 아래쪽에 있는 중요한 수산자원이다. 대왕고래, 혹등고래, 참고래, 밍크고래, 바다표범뿐만 아니라 아델리펭귄, 젠투펭귄까지 크릴을 먹고 산다. 남극 해양 생태계는 크릴이 없으면 유지하기 힘들다.

인류는 이러한 크릴을 미래 식량자원으로 주목하기 시작했다. 일본·노르웨이에서는 이미 크릴을 낚시 미끼와 식용으로 개발하고 있었다.

한국은 2018년 남극해에서 3만 6,000t의 크릴을 잡았다. 이는 노르웨이(20만t), 중국(4만t)에 이어 세계 3위의 실적이다. 2019년 3월 국립 수산과학원이 남극해양생물자원보존위원회(CCAMLR)와 공동으로 남 세틀랜드 군도 (48 해구)의 크릴 자원조사 결과 7,000만t으로 추정됐다.[32)]

남극해 전체 크릴자원은 대략 20억~30억t 서식하고 있는 것으로 추정한다.

32) 국립수산과학원 2019년 9월 9일자 보도자료 '남극 크릴 자원 얼마나 될까?'

남극 크릴은 가장 큰 것이 5㎝다. (출처: 국립수산과학원 보도자료)

우리의 크릴 시험조업 출발은 쉽지 않았다.

당시 수산청은 조업비 절반을 부담하는 조건으로 원양어선사들을 남빙양으로 보내려 했다. 그러나 대부분 원양어선사는 채산성을 맞출 수 없다며 출어를 포기했다.

수산청이 지원하는 조업비 절반인 당시 1억 5000만 원을 받아도 적자는 뻔한 형편이었다.

그러나 남북수산은 우리나라 원양어업의 장래를 내다보고 먼저 뛰어들었다. 남북수산은 이우기 선장, 박형관 어로장 같은 당시 원양어업계의 실력파들을 모셔와 남북호의 키를 맡겼다.

당시 남북호의 크릴 시험조업에는 국립 수산진흥원(현 국립 수산과학원) 임기봉 연구관 등 정부 수산관계자와 중앙일보·동아일보·한국일보·서울신문·부산일보·국제신문 등 6개 언론사 기자들도 함께 탔다. 이렇게 해서 모두 105명이 남극으로 떠났다.

남북호의 크릴 시험조업은 우리나라가 '남극시대를 연다'는 전 국민의 기대감을 안고 떠난 항해였다.

당시 남북호 출발을 알리는 중앙일보 기사는 이렇다.

남극으로 가는 길은 멀고 험하다. 그러나 그곳은 우리가 가지 않으면 안 될 숙명의

「프런티어」인지도 모른다.[33]

당시 취재에 나선 언론사들이 남극의 수산자원에 대해 크게 보도하면서 남극에 대한 국민적 관심을 불러일으키는 데 성공했다.

남북호는 부산항을 떠난 직후부터 어려움을 겪는다. 부산항 출항 후 사흘 만에 그물을 끌어 올리는 모터가 고장난다. 대만 가오슝(高雄)항으로 회항해 열흘간 정박하며 수리를 했다. 처음에는 상륙허가를 받지 못해 탑승자들은 배 안에 갇혀 있었으나 한국대사관의 중재로 가오슝에 내려 반짝 관광을 할 수 있었다.

남극에 다가갈수록 험악한 바다 덕분에 죽을 고비를 여러 차례 넘겼다고 한다. 호주 근처에서 사라호를 능가하는 태풍을 만나기도 했다.

긴 항해 끝에 윌크스 랜드(Wilkes Land) 어장에서 크릴 800㎏을 처음 건져 올린 순간, 배 안에 있던 사람들은 감격했다고 한다. 크릴에 입맞춤하는 사람이 있을 정도였다. 윌크스 랜드 어장에 도착해 총 510t의 크릴을 잡는 등 석 달간 시험조업을 마친 남북호는 1979년 3월 7일 부산항으로 돌아온다. 남북호는 3만3,000km를 항해하면서 498회의 해양관측도 벌였다.

남북호는 첫 남빙양 크릴 조업에서 큰 적자를 보았다. 잡은 크릴은 품질이 나쁜 데다 국내 시장의 크릴 산업화가 뒤따르지 못해 소비량이 많지 않았다. 크릴 수요가 많은 일본 수출을 시도했으나 당시 일본은 한국의 남극 진출을 방해하기 위해 크릴을 수입하지 않았다. 일본은 크릴을 대부분 낚시 미끼와 식용으로 사용하면서 큰 시장을 형성하고 있었다.

그 후 정부 보조를 받아 1991년까지 대호원양이 3차례, 동방원양이 7차례에 걸쳐 출어했으나 큰 재미를 보지 못했다. 한동안 뜸하다가 1997년 12월 인성실업이 크릴 조업에 뛰어들면서 국내 크릴 산업이 본궤도에 올랐다. 인성실업은 해마다 약 2만t의 크릴을 잡아 일본에 수출하는 한편 크릴을 이용한 식품 개발에도 나섰다.

2000년대 들어 동원F&B는 크릴과 찹쌀을 원료로 한 '남극 크릴새우 죽'을 출시하는 등 크릴 식품들이 선보였다. 이어서 한국식품연구원이 2001년 남극 크릴을 넣은 소시지와 새우깡, 만두소(완자), 크릴 된장 등을 만들었다. 요리업계에서는 회와 튀김 등으로 활용하기도 한다. 남극 크릴은 남극 청정해역에서 잡힌다는 신비감에다 영양이 뛰어난 식사 대용이라는

33) 중앙일보 1979년 3월 8일자 3면.

크릴을 가득 잡은 그물을 내리고 있는 남북호 갑판.
(출처: 박두기 전 국제신문 국장)

남북호 승선자.

남북호에 탔던 언론사 기자와 정부 수산관계자.(오른쪽에서 세번째가 박두기 국장)

점이 인기를 끌었다. 크릴이 가진 단백질과 칼슘, DHA와 EPA 키토산을 뽑아 화장품으로 활용하는데 세계 여러 나라가 연구하고 있다.

남북호의 크릴 시험조업은 우리나라 원양 어업사에서 큰 획을 긋는 일이었다. 1957년 인도양 참치 연승 시험조업의 성공으로 막이 오른 한국 원양어업이 세계 오대양에서 모두 조업하게 됐다.

수출품이 거의 없던 그 시절에 원양어업은 수출 효자였다.

1970년대 후반 우리 원양어업은 850척이 50만t을 잡아 3억 달러를 수출했으나 2016년에는 45만 4,053t을 잡아 수출 4억 4,374만 달러를 기록했다.

당시 남북호를 타고 크릴 시험조업 취재에 나섰던 박두기 전 국제신문 편집국장(70)은 "크릴 시험조업 성공은 한국이 국제무대에 남극진출 의사를 공식적으로 표시한 것"이라며 "그 후 한국해양소년단의 남극 관측 탐험으로 이어지고 남극조약 가입도 가능해졌다"라고 설명했다.

현재 남극에 2곳의 과학기지를 두고 북극 연구까지 벌이는 우리나라지만 극지 연구의 출발은 초라했었다.

당시 박 국장은 3년 차 기자로 수산분야를 취재하고 있었다. 박 국장은 남빙양 크릴 조업을 다녀온 뒤 '남빙양 3만 마일'이라는 취재기를 12회에 걸쳐 국제신문에 연재했다.

우리나라는 크릴 시험조업 성공 이후 남극조약 가입국 및 남빙양 관련 국제기구에 조사연구보고서를 제출하여 85년 4월 28일 남극 해양생물자원 보존협약기구에 가입할 수 있었다.

이어 한국해양소년단 남극관측탐험대(단장 윤석순)가 1985년 11월 6일부터 12월 10일까

1978년 남빙양 조사와 남극 크릴 잡이에 나선 남북호 모습.

지 남극 탐험을 한다. 이 탐험대에 한국과학기술원 해양연구소 허형택 소장과 기상학자 최효 박사, 지질학자 장순근 박사 등 과학자들이 참가하면서 과학적인 남극조사가 이루어진다.

이를 계기로 한국은 1986년 세계에서 33번째로 '남극조약'에 가입할 수 있었다. 남극조약은 남극을 평화적 목적으로 사용하고, 과학적 조사의 자유를 보장하면서 영유권을 동결한다는 내용을 담고 있다.

신비한 남극 생명체

한국은 남극 개척에 뒤늦게 나섰지만, 우리 과학자들의 뛰어난 연구성과로 국제사회에서 위상이 높아지고 있다.

남극에 첫발을 디딘 여행자들은 그 추운 곳에서 생명체가 살고 있다는 데 놀란다. 눈 속에서 초록빛을 띤 이끼류가 자라고 꽃을 피우는 남극좀새풀을 보면 자연의 경이로움에 빠져든다.

극한의 자연 속에서 자라는 동식물들은 독특한 생리적 특성과 특별한 유전자들을 갖고 있다. 과학자들이 극지 동식물의 신비를 벗기기 위한 연구를 하는 이유다.

남극 바닷속에 사는 '아이스 피시'(ice fish)의 혈액은 붉은색이 아니라 투명하다. 혈액 속에 산소를 운반하는 헤모글로빈이 1%만 존재하기 때문이다.

헤모글로빈은 산소를 온몸 구석구석에 운반하는 단백질로 척추동물에게는 필수적이다. 따라서 헤모글로빈이 거의 없는 아이스 피시는 남극의 신비를 상징하는 물고기다.

다른 물고기에 비해 두 배 이상 큰 심장으로 헤모글로빈 대신 혈장을 보내 산소를 운반하는 것으로 알려져 있다. 이 물고기는 비늘도 없다. 비늘 없는 몸의 피부를 통해 산소를 흡수하는 것으로 추정하고 있다.

이 물고기는 대사량을 줄여 영하의 물속에서 사느라 먹이활동 외에는 거의 움직이지 않는다. 부레가 없는 대신 엉성한 뼈 조직 속에 공기를 넣었다 빼면서 헤엄친다. 우리 과학자들은 이 어류의 뼛속에 사람의 골다공증을 치료할 물질이 있을 것으로 보고 연구 중이다.

얼음대륙 남극에도 남극좀새풀과 남극 개미자리 같은 관엽식물이 자란다. 이 식물에는 추위 속에서도 성장하는 유전자가 들어 있다. 두 식물이 가진 유전자를 활용하면 겨울에도 자라는 벼를 만들어 낼 수 있다.

우리나라 극지연구소팀이 남극좀새풀에 있는 DaCBF7 유전자를 벼에 삽입해 추위를 이기는 정도를 실험했다. 남극좀새풀은 볏과에 속한다.

DaCBF7 유전자 삽입 벼와 일반벼의 저온 생존율을 비교했을 때, 일반벼는 평균 11%로 잎이 누렇게 뜨면서 죽었지만, 유전자 삽입 벼는 평균 54%로 생존율이 5배 증가하였다.[34]

그동안 농학자들이 추위에 강한 벼 품종을 만들려고 겨울에 자라는 보리와 밀의 유전자를 넣은 벼를 만들었다. 그러나 제대로 자라지 못하거나 개화기가 늦어지는 등 부작용이 발견됐다. 그러나 남극좀새풀 DaCBF7 유전자를 넣은 벼는 이러한 부작용이 없었다.

우리 과학자들이 남극좀새풀의 DaCBF7 유전자를 이용해 추위에 강한 벼 품종을 개발한다면 인류의 식량난 해결에 큰 보탬이 될 수 있다. 추운 러시아와 중국의 버려진 땅에서 쌀을 생산할 수 있다. 세계의 쌀 재배지역 지도를 바꿀 수 있다.

우리나라 극지연구소는 피부노화방지물질로 '라말린'을 특허 등록했다. 이 물질은 남극의 강한 자외선과 국내 저온에서 살아남은 생물에서 추출한 것이다. 국내 업체가 이 특허를 이용한 화장품을 내놓았다.

남극의 경골어류에 '결빙방지 단백질'이 들어있는 것을 동물학자인 아서 드브리스가 1969년 발견했다. 극지연구소 김학준 박사팀은 이 경골어류가 가진 결빙방지 단백질을 인간의 생체조직 보존제로 활용하는 방안을 연구하고 있다. 현재 사용 중인 화학적으로 합성한 동결보존제를 대체할 수 있을 것으로 보고 있다.

우리나라는 세계 최초로 남극대륙 2,500m 깊이에 형성된 '빙저호' 탐사를 추진하고 있다. 빙저호는 빙하 하단이 녹아 땅 아래 생긴 호수인데, 아직 발견되지 않은 새로운 생명체를 만날 가능성이 크다.

제비갈매기는 남극과 북극을 오간다. 지구를 한 바퀴 도는 새다. 제비갈매기는 편도 비행거리가 1만 4,000~1만 6,000㎞다. 북극에서 살다가 북극이 추워지는 10월~이듬해 3월까지 남극으로 날아와 남극의 여름을 지낸다. 제비갈매기를 보노라면 극한의 환경이 생물을 더 강하게 진화시킨다는 것을 알 수 있다.

세계가 주목하는 우리의 연구 결과들을 보면 국력을 체감할 수 있다. 남극에서 한 나라의 위상은 과학기술과 경제력, 외교력의 총체다.

---

34) 『극지 과학자가 들려주는 남극 식물 이야기』 이현석 지음, 지식노마드, 131쪽.

우리는 이미 남극 생선을 먹는다

일식집에서 나오는 메로(Mero, 파타고니아 이빨고기)구이. 우리나라 원양어선이 남극바다에서 잡는 생선이다.

지구상의 거의 모든 바다는 오염됐지만 남극바다는 아직 깨끗하다. 그것도 남극해 수심 1,000~4,000m 사이 차가운 물 속에서 사는 메로는 말 그대로 '청정 생선'이다.

메로는 한국 원양어선사인 인성실업이 남극 바다에서 잡아 1993년 국내에 처음 들여왔다. 이는 아시아에서는 최초였고 세계에서는 네 번째다.

인성실업이 메로잡이에 나선 것은 1992년 12월. 제66 인성호(420t · 선장 이춘문)가 사우스 조지아 섬 근해에서 처음으로 조업했다.

그땐 남극해양생물자원보존위원회가 메로 어획에 대해 규제를 하지 않았었다.

나중에 규제에 나선 남극해양생물자원보존위원회가 1993년 12월 메로 어획 쿼터 1,300t을 배정했을 때 인성실업이 칠레 · 러시아 · 불가리아 · 우크라이나 등 5개국 어선과 함께 2백60t을 확보했다. 그것이 우리나라 원양어업계가 메로잡이에 공식적으로 나선 기록이다. 초기에는 어획량이 적어서 어려움을 겪었다. 낯선 어장에서 처음 만나는 어종이어서 조업기술이 뒤따르지 못한 탓이다.

1994년 7월 영국 엘리자베스 여왕이 사우스 조지아 섬을 자국 영토로 선언함으로써 당시 연간 입어료 2,700만 원을 내고 메로를 잡아야 했다.

메로는 지방함유량이 16%로 보통 생선보다 5배쯤 많고 DHA나 EPA 같은 오메가-3 지방산이 풍부해 맛과 향이 좋다.

국내에서 메로가 인기를 끌면서 한국 원양어선들의 불법조업도 드러났었다.

한국은 메로 조업과 관련해 2012년 미국, 2013년 유럽연합으로부터 예비 불법 조업국으로 지정됐었다. 한국의 일부 어선이 남극해에서 제한량을 초과해서 잡은 게 적발됐기 때문이다. 한국은 관련 법 개정과 함께 어선 위치추적장치(VMS) 설치 의무 등 개선 조처를 했다.

좌초된 선스타 호(출처:해양수산부 보도자료)

선스타 호를 구조한 아라온호(출처:해양수산부 보도자료)

2015년 미국과 유럽연합은 한국에 대한 예비 불법 조업국 지정을 해제했다.

2015년 12년 19일 남극해에서 메로잡이를 하던 우리나라 원양어선 '선스타호(628t·승선원 39명)'가 유빙에 좌초해 우리 쇄빙연구선 아라온호가 구조하기도 했다.

남극이 멀리 있는 것 같지만 우리는 이미 남극 생선을 먹고 있다. 새로운 어종을 찾기 위해 남극까지 간 우리나라 원양 선단들의 땀이 메로구이에 녹아있는 것을 아는 미식가들은 얼마나 될까.

남극에 해수욕 가실래요

초판 인쇄 2020년 8월 27일
초판 발행 2020년 8월 31일

지 은 이 김상진
펴 낸 이 김재광
펴 낸 곳 솔과학
등 록 제10-140호 1997년 2월 22일
주 소 서울특별시 마포구 독막로 295번지 302호(염리동 삼부골든타워)
전 화 02-714-8655
팩 스 02-711-4656
E-mail solkwahak@hanmail.net

ISBN 979-11-87124-71-9 (03970)

값 24,000원